高效阅读

开启阅读“超能力”

刘金弟 

中国铁道出版社有限公司
CHINA RAILWAY PUBLISHING HOUSE CO., LTD.

图书在版编目（CIP）数据

高效阅读：开启阅读“超能力” / 刘金弟著. —北京：中国铁道出版社有限公司，2022.7
ISBN 978-7-113-28959-1

Ⅰ. ①高… Ⅱ. ①刘… Ⅲ. ①读书方法 Ⅳ. ① G792

中国版本图书馆 CIP 数据核字（2022）第 041701 号

书　　名：**高效阅读：开启阅读“超能力”**
GAOXIAO YUEDU：KAIQI YUEDU “CHAONENGLI”
作　　者：刘金弟

策　　划：叶凯娜
责任编辑：马慧君　叶凯娜
装帧设计：闰江文化
责任校对：苗　丹
责任印制：赵星辰

出版发行：中国铁道出版社有限公司（100054，北京市西城区右安门西街 8 号）
印　　刷：三河市兴达印务有限公司
版　　次：2022 年 7 月第 1 版　2022 年 7 月第 1 次印刷
开　　本：880 mm×1 230 mm 1/32　印张：8.75　字数：162 千
书　　号：ISBN 978-7-113-28959-1
定　　价：58.00 元

序　言

阅读是一种能学会的超能力

欢迎你，喜欢阅读的朋友！打开这本书，读到这段文字，说明你喜欢阅读，而且想要阅读更多的书，想要更好地阅读。

想要更好地阅读，这可能是影响你一生的重要决定，因为你将获得一项让你与众不同的超能力。在我们的生活与工作中，有大量的场景需要使用阅读的能力。阅读将伴随我们的一生。如果能培养长期阅读的习惯，你可以一生受用。

阅读是一种超能力，它会慢慢解锁一个人对于世界和自我的认知，会让人慢慢意识到一些以往没有注意到的资源，哪怕是看待同样的事情，也会有完全不同的视角。一个人具备了高效阅读的能力，就可以使用同样的时间，获取更多的知识与信息，为自己所用。

从信息与知识获取的角度看，现在的人生活在一个最幸福的时代。古代的书籍需要用铁链拴住，因为那是价值连城的物品，知识是稀缺的资源。为了获取知识，玄奘法师甚至不远万里，历尽艰险，前往印度取经。而在现代，我们与任何书籍的距离，不过是指尖的一两下点击而已。如今获取知识的途径已经不再是瓶颈，寻找、消化和运用知识与信息的能力，将成为区分个人能力的关键。

阅读是一种炼金术，它可以将生活中常见的事物，提炼出完全不一样的价值。知识与信息就像石油一样，沉睡在地下数千万年，一直没有被派上用场。直到工业文明的产生与发展，人类有能力驾驭它后，石油才从黑漆漆、油乎乎的东西，变成了动力、燃料、塑料、装饰品和乐高玩具。阅读就是一个人提炼知识与信息的重要工具，通过阅读，可以学习并掌握具体的技能，可以与世界顶尖的精英进行思想对话。当你通过阅读让自己的视野变得不再普通时，你就成了智者，能将普通事物提炼出他人无法看到的价值，也能解决人生不同阶段的各类问题。

这是一本关于如何提升阅读理解效率及培养阅读习惯的书，却不仅仅局限于阅读书籍的过程。本书从如何选书、如何阅读、如何总结、如何输出的角度入手，系统详细地分享了阅读的所有步骤。在本书的第一章“重塑对于阅读的认知”里，将剖析一些阅读的常见误区；第二章“如何找书与选书”中，将分享选择书籍的技巧；第三章“设计优化阅读习惯”中，将分享一些帮助我们更好阅读的工具和习惯；第四章“破解阅读速度”，可以帮我们将目前的阅读速度大幅提升；第五章“提升阅读后的输出能力”，可以帮助我们养成阅读后分享的习惯；第六章“互联网时代的读书技巧”，分享阅读有声书、英文书与“广义的书”（视频、文章、知识付费课程和播客）的技巧；第七章“阅读导师技巧集”，分享国内外顶尖读书人的读书技巧。读完本书，你会学习到各类已经被实践证明有效的阅读技巧和方法，并能根据自己的实际情况，制订符合自己的阅读计划。

想要开启阅读的超能力吗？请继续读下去吧！

目　录

第一章

重塑对于阅读的认知

1.1 关于阅读的最大谎言：阅读没有用了

1.1.1 这个时代的领导者都是阅读者

关于读书，很多人有着某种共识：在这个时代，读书变得不重要了，或者，读书变得不实用了。

“读书可能有好处，但对我目前没啥用。用几个小时读本书，不如看剧、刷视频放松一下，或是做点活儿赚钱！”

这是很多人的真实想法。事实真是这样吗？“阅读没有用了”，这是关于阅读的一个最大谎言。恰恰相反，在信息时代，阅读书籍的能力正变得前所未有的重要。

阅读，是最快、最有效获得知识与技能的途径，可能也是最经济的途径。如果你了解世界上顶尖人士的成长经历，比如比尔·盖茨、沃伦·巴菲特、查里·芒格、马克·扎克伯格等，就会发现，他们成功的领域各不相同，他们的性格、文化背景、成长时代各不相同，但无一例外的是，阅读在他们的人生中都占有极大的比重。在这个时代，领导者大多数是阅读者。

既然阅读对这些精英们都如此重要，为什么还有很多人认为阅读没什么价值，不需要去做呢？因为这些人，并没有真正理解什么是阅读。他们把出于消遣读一读网络小说的阅读和为了学习掌握某项技能而进行的阅读这两个概念混到了一起。出于消磨时间的阅读，的确对提高自己的能力没有帮助，换句话说，这种阅读并不创造价值。但针对某一领域的学习型阅读，是成为某个领域专业人士的第一步，也是最重要的一步。一个人只有具备某个领域的专业知识，才能知道自己的资源是什么，下一步的行动是什么，才能明确自己的目标，并且去实现它。出于学习目的的阅读，是一个人应该掌握并提升的核心能力。

1.1.2　阅读是通向成功的重要技能

阅读，是最快、最有效地获得知识与技能的途径，可能也是最经济的途径。在学习型阅读过程中，阅读者不但获取了知识与技能，更锻炼了自己的专注力与学习能力，而后者对于普遍意义上的成功更为重要。

以特斯拉与 SpaceX 公司的掌舵人埃隆·马斯克为例，他不是火箭专业出身，但哪怕是在创建 SpaceX 公司的初期，关于火箭的知识与见解，他也不输于这个领域的其他专家。这种知识和能力的储备，正是通过大量的阅读实现的。通过阅读掌握相应的知识后，他能够与美国宇航局或是其他世界级的专家谈判，并说服投资人和制造商，从而实现自己的目标。如果他没有通过阅读积累的知识储备，后来的一切成功都无从谈起。

简言之，阅读不仅是娱乐方式，更是一种通往成功之路的重要技能。它不能保证你一定成功，但可以极大地增加你实现自己目标的概率。

所以请明确：阅读能力非常重要。

1.2　你一定会有的借口：没有时间读书

我这辈子遇到的来自各行各业的聪明人，没有一个不是每天阅读的——没有，一个都没有。而沃伦读书之多，可能会让你感到吃惊，他是一本长了两条腿的书。

——查理·芒格评价巴菲特

1.2.1　读书不是时间问题，而是优先级的问题

明确了阅读的重要性，那么下一个常见的问题是：我没有时间读书，怎么办？

我在社交媒体分享自己的读书心得时，总会有人留言："你怎么有时间读那么多书啊？我忙得根本没有时间读书。"但如果有机会能

看看留言者的朋友圈，往往会发现，他有刷剧的时间，有阅读微信文章的时间，有关注明星八卦话题的时间，只是“没有读书的时间”而已。

没有时间读书如何破解呢？这其实不是时间问题，只是重要性排序的问题。

你觉得自己能有每天一个小时的时间读书吗？可能没有。那么，你上下班需要用多长时间在路上？很多人上下班通勤的时间是超过一个小时的。你为什么每天可以有这一个小时的时间呢？因为在你的思维设定里，这是你必须去做的事。你需要乘坐交通工具到达单位上班，赚钱养家，否则就会拿不到工资。这一个小时的时间，没有讨价还价的余地。这是一个无法商量的优先级。

再举个例子，如果是开车的人，你会说自己忙得没有时间去加油吗？不会。同样，也许某一天你会从早忙到晚连午饭都顾不上吃，但会忙得一整天、两整天都不吃任何东西吗？当然也不会。汽车要加油，人要吃饭，这都是无法商量的优先级。

1.2.2 更新自己的阅读习惯和阅读方式

大多数人的阅读习惯在学校时期养成之后，就再也没有更新。毕业之后几年甚至十几年，他们还保留着当初对于阅读的理解。但时代已经急速发展，阅读的方式和方法也有了巨大的变化，成年人阅读的目的、方式和方法，与学生时代已经截然不同。

举个例子，很多人还只是笼统地觉得，多读书就是好事，而不会区分娱乐型阅读与应用型阅读。很多人还认为，把一本书从第一页一字不漏地读到最后一页才叫阅读。还有更多的人读完一本书，不会整理读书笔记，更不会进行任何输出。这些都是对阅读的理解有误造成的。幼时养成不好的阅读习惯所造成的理解有误，成了我们对阅读最严重的错误认知。

学校教授的阅读方法，也有不少可取之处。比如在学校学习时，大部分的内容是会经常重复的，这对记忆效果有非常明显的增强作用。另外，在学校时，通常阅读都需要做练习，这也是提高阅读效果的一种重要手段。

要想重新学习阅读，要有放弃自己之前阅读习惯和方式的觉悟，就像以错误方式运动多年的人，需要以更大的努力纠正自己已经养成的习惯一样。

1.2.3 花一天时间的 2%，就能成为 0.01% 的阅读精英

客观来说，无论多么忙，一个人总能至少匀出每天 30 分钟的时间用于阅读的。与之相比，中国人每天花在手机上的时间平均为 3 小时。30 分钟，只占每天 24 小时的 2.08%，但如果用于阅读，一年 365 天，即有 180 多个小时的阅读时间，以一本书平均阅读时间 5 小时计算，也可以读完 30 本书了，远超过绝大多数人的平均阅读量。更何况以本书中讲述的阅读方式，很多书根本不需要花 5 小时就可以读完。

要想提高阅读数量，重点不在于挤时间，而在于建立习惯。在之后的章节，我们会专门讨论建立阅读习惯的技巧。这一节要先明确：一个人至少应该抽出每天半小时的时间用于阅读。这段时间不只是阅读，更是对于自己专注力和学习力的锻炼和培养。这是给自己心智的“有氧训练”，也是对自己最可靠的投资。

1.3 向伦敦司机与施瓦辛格学习阅读

在伦敦，要想当一名获得许可的出租车司机，必须通过一系列测试。这些测试一直被认为是世界上最难的驾驶测试。为了获得许可，成为一名伦敦的出租车司机，他们得对以查令十字街为圆心的约 9.6 千米的半径范围内的区域有全面的了解。在这个半径范围内，大约有 2.5 万条街道。想要成为出租车司机的人士，必须熟悉比那个数目还要多的街道与建筑物。为了掌握这些知识，打算参加测试的出租车司机要花上数年时间，把伦敦的大街小巷全都熟记于心，并做好笔记，详细记录哪个地方是怎样的，以及如何从这里去往那里。

伦敦大学学院的神经系统科学家埃莉诺 · 马圭尔曾对出租车司机进行了迄今为止最深入的研究，这些研究也向人们揭示了训练会如何影响大脑。她特别观察了测试人员大脑中的海马体，也就是人脑中涉及记忆发展、形状像海马的部位。马圭尔发现，在出租车司机的大脑之中，海马体的一个特定部位比其他实验对象更大。这个部位是海马体的后部。此外，当出租车司机的时间越长，海马体的后部也就越大。出租车司机的海马体后部，明显比公共汽车司机海马体的同样部位大得多。这其中的含义很清楚：不论是什么原因导致海马体后部的尺寸产生如此大的差别，都与驾驶汽车本身并没有关系，而是与职业要求的导航技能有特定的关系。

任何人看到施瓦辛格和普通宅男的肱二头肌，都知道两者有明显的差别。这种差别是练习带来的，对于大脑，作用也是一样的。对伦敦出租车司机的研究表明，人只要有意强化某些能力，那些能力就真的很强大。以阅读为例，如果你阅读得越多，也就越善于阅读；越善于阅读，也就能阅读得越多。这是可以训练的技能。

另外，大量阅读特定领域的书籍，也能训练相应领域的思维能力，就像伦敦出租车司机的导航能力一样。如果你大量阅读财经类书籍，你将慢慢具备经济学家式的思维方式；如果你大量阅读建筑类书籍，你的空间思维能力也会得到有效提高。

事实上，投资大家沃伦·巴菲特正是一个典型的例子。他从小就开始阅读和学习与股票投资相关的书籍。在读遍父亲所有的收藏后，他来到哥伦比亚大学的图书馆，在书本的海洋里求知若渴地阅读。上大学后，他阅读了能够接触到的各种投资和商业类书籍，总共

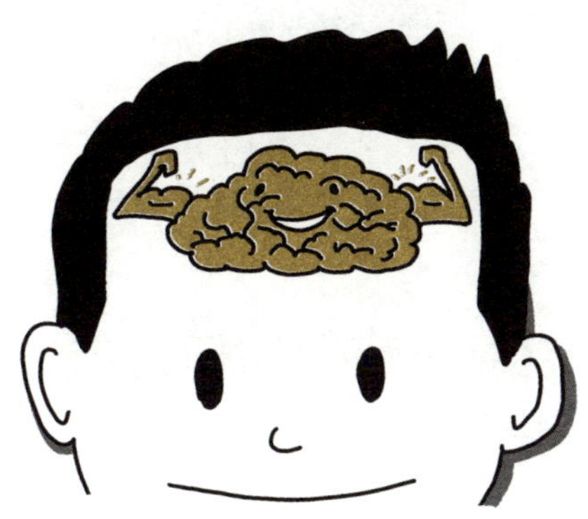

100 多本，并把学到的知识应用到实际中，尝试各种投资方法，力图找到一套框架体系。而真实生活中的他，在其他事情上却非常愚笨，甚至连厨房的厨具都分不清楚。他头脑中的“投资神经”，正是通过大学期间 100 多本书的阅读练习，慢慢培养起来的。

所以，如果一个人能对自己从事或是梦想从事的领域，用类似巴菲特的方式去学习阅读专业书籍的话，也能锻炼出自己头脑中的“专业神经”。

1.4 特工伯恩教我们如何对待书

《谍影重重》是我很喜欢的一个间谍题材系列电影之一。主角伯恩是一个失忆的特工，没有任何实体财产或是物质上的牵挂，却拥有超强的各种能力，可以在任何情况下找到最有利于自己的资源，并加以利用，实现自己的目的。他甚至将辛苦找到的唯一与过去有联系的物品：一张自己亲人的照片烧掉。因为他觉得自己只要保留着对于亲人的记忆就够了，外在的实体照片，只会成为他的弱点。

这个故事和读书有什么关系呢？还是和那个问题有关：读书的目的是什么呢？如果为了应用，那么书只是一个工具，阅读就是为了习得某项技能或是相应的知识，然后投入具体的应用实践。但很多人认为从第一页到最后一页读完一本书，就是一项成就。如果是应用类的书籍，你从第一页读到最后一页，但没有将书中提到的知识结合到工作或生活中，一段时间后甚至彻底忘记了这本书的内容，那么这种阅读是没有收获的。相反，哪怕你读一本应用类的书，翻开第一页，读了一句话，然后就停止阅读去实践了，这样的收获也要大得多。比如《谷物大脑》这本书，用了非常多的篇幅讲述谷物和糖类对于健康的影响，有很多性质相似的案例。如果你想要有更健康的状态，最有效率阅读这本书的方式是什么呢？就是上网查一下这本书大概的内容，然后从现在开始，从下一顿饭开始，减少对谷物和糖类的摄入。这就是最好的阅读方式。

对于应用型阅读，书只是工具，是用来实现目标的。在之后的章节，我会更具体地讲述如何确定阅读的目的，如何选择要阅读的书籍。

1.5 藏书数万册，也有可能是无用的

实体的书或是电子书，只是一种媒介载体，上面的内容才是真正的价值所在。书印刷的纸张，只是内容的载体，而书的文字字体、印刷和排版，也是为了让内容得到更好传达的“用户界面”而已。得到 App 的创始人罗振宇讲过一个例子，他的一个朋友一直想读完一部大部头的专业类书籍，但一拿起这本厚厚的书就没有勇气继续下去。于是他单独买了一本新书，每天撕下两页，装到口袋里，在去上班的路上读完这两页，扔了。不知不觉，他就一页页地啃完了这本以前认为自己根本无法读完的大厚书，只是花了再买一本新书的钱而已。

传统的读书观点认为要尊重具体的实体书，不要破坏它，甚至不要乱涂乱画，这都是买椟还珠的旧式思维。真正有价值的，是书

承载的内容，而不是书本身。在这个时代，实体书也是批量标准化生产的，就算把一本书放到神龛里供起来，它也只是流水线生产出来的一个复制品而已。电子书就更不用说了，字节是可以无限复制的。

以一个中国传统的故事为例：南北朝时期的梁武帝一生痴迷于佛教，不但先后四次舍身入寺，修了500多所寺庙，还开创了和尚吃素的传统。但达摩祖师来到中国，与他互加了“微信好友”后，却在“朋友圈”对梁武帝留下了四个字的评语：无有功德。翻译过来也就是说，梁武帝在佛教方面，没啥贡献。这可是很严厉否定的评语啊，如果按达摩的评价，那梁武帝建的500多座寺，创立吃素的传统和将自己舍身入寺、献身佛法，都是无用的吗？

客观来说，的确是无用的。500多座寺随着时间的迁移会消失，这只是皇帝的形象工程，只是一种形式。当梁武帝去世，强权约束的形式也就消失。正如唐朝诗人杜牧的诗句描写的：“南朝四百八十寺，多少楼台烟雨中。”而吃素，是他皇帝一个人的习惯，佛教从来没有这种形式上的规定，他硬是逼着其他人也如此。至于“舍身入寺”，就更是花架子啦。每次皇帝舍身入寺，国家就得出一大笔钱把他老人家从寺里赎出来，最后一次赎身据记载是“所花亿万”。梁武帝爱佛，但他爱的是形式上的佛像、仪式感和礼节。达摩祖师说的佛教功德，是指是否对人们的思想有所启发，或是对佛教的完善有所贡献。从这点看，不好意思，这皇帝所做的的确是无用的。

如果只是在意书本在书房里陈列得是否漂亮美观，只是在意保护书籍的整洁完美，那是图书收藏家，不是纯粹的读书人。如果只是维护自己收藏的图书，而没有将书中的内容活化为自己的知识和见解，那么，哪怕一个人收藏了数万册书，在阅读方面也和梁武帝一样，是做无用功而已。

1.6 关于读书的量化

读书是一件很容易量化，又很难量化的事。因为读书这件事从本质上看，是获取信息，并将外部的信息整合到自己认知的一个过程。获取信息这个步骤相对容易量化一些，比如一年阅读 50 本书就相对要比一年阅读 10 本书获取信息要多一些。但信息到认知的转化，就不是一个容易量化的步骤了。这也带来关于阅读最常见的一个争论：在阅读时，是应该追求阅读的数量，还是应该追求对阅读内容的理解掌握和应用程度呢？举个简单的例子，一年阅读 100 本书，基本都读完读懂，和一年阅读 10 本书，但将每本书都读到通透，能够在实践中熟练运用书中的知识或是技能，你会选哪个？

在这个信息过载的时代，我们需要学会与远超过父辈时代的海量信息相处。大部分传统经典书籍，就是那些已经经过几百、几十年

的时间检验的著作，可以引导我们的精神，却很难指导具体的行为，给我们具体的帮助。比如你觉得自己有些胖，身体有点亚健康，想要找关于健康领域的书籍阅读学习，以便针对自己的情况制订健身、饮食和作息计划。这样的需求，是不可能通过阅读那些传统经典著作来满足的，你必须阅读近年来健康相关领域的书。这样的领域，很难说哪一本书是经过检验的经典。哪怕有相对比较专业的书籍，也不一定适合自己的具体情况。最适合的方式，可能就是找上几本在健康领域口碑不错，销量也很好的书，通过比较选择，了解不同的方向，在自己身上试验几条不同的方法，最终找到最适合自己的方法。

现代世界信息的丰富性与不确定性，也要求我们有更全面的认知与思考能力，这样才能对很多信息做出判断。还是以减脂为例，减脂虽然根本上就是“管住嘴，迈开腿”这六个字，但在实际操作层面，却有很多很具体的方法，比如生酮饮食、全素饮食、断食等。如果只是了解某一种方法，可能就会有认知上的局限，继而影响自己的判断。几年前，有一位叫张悟本的“学者”把自己在养生电视节目上的心得汇总成一本书，叫作《把吃出来的病吃回去》，流传很广，其中宣扬的“绿豆治百病大法”甚至引发市场上的绿豆涨价。但书中的食疗理念遭到专家质疑，后来还有媒体报道其学历造假。如果有两个人都对这本书感兴趣，两人都追求健康的生活方式，都想通过阅读这本书学习一些可以实践的技巧。区别是，其中一人因为阅读量很大，曾经读过不少营养、健康领域的书籍，而另一个人却从来没有读过任何健康相关的书籍。他们都阅读了这本书，但对于书中的观点和案例，他们的认知会是一样的吗？肯定不会！阅读量很大的那一个人，可能在阅读时就会有更多疑问，也更有可能在读书的同时去搜索其他信息，做出更接近科学的判断。增大阅读量，可以有更多接触不同角度观点和理念的机会，也比较不容易在思维和认知上局限于某个特定的角度，产生认知偏差。

简单说，就是阅读的数量和多样化，对于我们的成长很重要。

1.7　我的阅读整体观

我虽然从小就喜欢读书，但其实对阅读，在很长时间里并不是特别擅长，也不是很在意。在初高中时，我的课外阅读大多是杂志和科幻小说；大学期间，以武侠小说和其他小说为主；工作之后，阅读主要是一种放松的手段。在刚开始工作的很长一段时间，我一年大概也就只读七八本书，主要以娱乐休闲读物为主。但近 6 年来，我每年都阅读至少 50 本书。阅读的习惯给我的生活带来了巨大的改变。

我 30 多岁时来到新西兰，没有专业的教育背景，没有工作经验，从零开始转行到自己以前没有工作过的领域：用户体验设计。但短短一年，我就转型成功，第二年开始成为行业的资深专业人士，在新西兰本地也建立了自己的行业资源。这样的职业收获，其实和自已长期训练获得的阅读能力有巨大的联系。

在现在的富媒体时代，阅读的形式并不仅仅是坐在咖啡馆里翻开一本纸质的书，暂时离开电子设备的干扰，沉浸在书的世界里。那样的阅读是一种奢侈。广义的阅读，其实从每天日常生活的第一刻——早上睁开眼睛就已经开始，到晚上睡觉、闭上眼睛结束。在这段时间里，我们会阅读手机上的信息，朋友圈的好友更新，公众号推送的文章，工作群里分享的最新消息，习惯性打开某个自己关注的视频频道，在声音的伴随下洗漱和吃早餐。多数人上下班的通勤途中，会收听播客或是有声读物；上班时，会阅读工作相关的邮件、文档和资料；晚上休息时，也会读上一两篇轻松的文字，或是在购物网站看看喜欢的好物的评论，作为放松。这些对于信息的接收，都属于广义的阅读。而大多数人，是在一种无意识的“默认”模式下进行信息的接收和处理的。

我们可以精心设计自己一天的各种与阅读相关的行为，对它们进行优化，有意识地培养自己学习的习惯。这样就会构建一套可以长期坚持的阅读系统，终身受益。

阅读的收获其实是一种知识的复利式收益。如果你阅读了足够多的书籍，这些书籍的知识与信息会在你的头脑中产生一些奇妙的化学反应，使你对于一些问题的看法更加全面，更加深刻。以投资理财为例，如果一个人平时听了某个所谓“投资大神”的一两句评论，就做出投资的决定，这是非常片面且情绪化的决策方式。但如果一个人能通过自己的学习，把市面上排名前十的公认最权威的投资类书籍，都通读一遍且充分吸收，那么所有这些投资的技巧、方法、理念和原则都会融入他的决策判断里，帮助他形成一套自己的方法，可以终生收益。这样阅读获得的收获是一种长期、持续、叠加的复利式收获。

第二章

如何找到对自己有帮助的书

2.1　无限的信息，有限的精力与时间

阿根廷作家博尔赫斯写过一篇著名的短篇小说《巴别图书馆》，表达了他对于世界本质和秩序的思考。书中最主要的一个意象，就是“一个无限的图书馆，就是宇宙”，其中有着无限的书籍，“任何个人或世界的问题都可以在这里找到有说服力的答案”。这个意象，其实非常符合我们如今所处的时代。几百年前，因为技术的限制，书籍是无比贵重的东西，甚至在几十年前，还有“敬惜字纸”的传统。那时敬惜的不是纸，而是字，或者说是文字所承载的信息和知识。

在互联网时代，“字纸”几乎已经成为无限的海洋。根据联合国教科文组织的数据，在 2013 年，中国出版了 44 万本新书，美国出版了 30.4 万本新书。加上有声书、电子书等新兴的书籍形式，人们可以选择的书籍已经接近无限。“无限图书馆”的意象，已经在现实中成真。

如何找到对自己有帮助的书

与海量增加的信息相比，人的时间与精力却没有什么大的变化。成年人如果能做到一年阅读 30 本书，已经是远超平均值的优秀水平了。一个人以这样的阅读速度，从 20 岁一直保持到 75 岁，55 年时间，也只能阅读 1650 本书，只相当于中国每年新出版书籍的 0.3%。稀少的东西价值自然会提升。在这个时代，人类的注意力与时间变得更有价值，如何在海量的书籍中选择适合自己的、能给自己带来更多价值的书，变得更加重要。

在开始讲述如何选择书之前，我们先来了解两组对待书籍与阅读的坐标：第一组坐标是应用阅读与娱乐阅读，第二组坐标是深度阅读与广度阅读，将这两个标准画成一横一竖的坐标系，就得到一个阅读象限图。这个象限图，可以帮助我们明确哪些书是具有较高价值的。在之后的章节，我会举具体的例子说明。

2.2　应用阅读与娱乐阅读

2.2.1　读书分两类：应用与娱乐

人的阅读时间和精力是有限的，读了不太合适的书，不但会损失阅读的时间与精力，还可能让你朝着错误的方向前行，浪费更多的时间与精力，不如不读。

阅读的一个常见误区就是：对所有的书都一视同仁。我们对不同的人会花不同的时间，花在亲友身上的时间和花在陌生人身上的时间当然是不一样的。书也和人一样，需要进行区分，才能用有限的时间将书籍的价值发挥到最大。

那么，如何选择值得阅读的书呢？

首先用一个基本的标准，把书籍分为两类。这个标准就是应用阅读与娱乐阅读。

简单说，属于应用阅读的书，就是可以提升人的知识与能力，拓展人对于世界认知的书。而属于娱乐阅读的书，则是可以让人的精神世界更加丰富，让人感受不同的人生体验的书。

每个人对于娱乐与应用的划分不同，比重也可以不同。比如阅读文学作品，对于大学语文老师来说就是应用阅读，对于普通公务员就是娱乐阅读。一个成年人，要明白一点：阅读除了是一种培养情操，提升自己对世界的认知能力的途径之外，更是一种工具，可以用来帮助自己获得某些技能或能力，改善自己的生活。因此，提高应用阅读的比率非常重要。通常，非虚构类书籍多数都属于应用阅读的范畴。如果想要实用地读书，也就是通过阅读提升自己的能力，创造更多的价值，我们应该有意识地多阅读非虚构类书籍。

对于每本自己打算阅读的书，阅读前第一件事就是先问自己一个问题：我读这本书是为了娱乐，还是为了应用？

在接下来的部分，我会着重分享如何提升应用阅读的价值。

2.2.2 不要将娱乐阅读和应用阅读混淆

阅读常见的误区之一，就是将娱乐和应用混为一谈。举个例子，在《权力的游戏》剧集推出之后，我的一位朋友特别着迷这部剧，他购买了全套的《冰与火之歌》英文原著，给自己定的目标就是读完。他认为读这本书，可以很好地提升自己的英文阅读能力。他开始了几天，读了十几页，然后卡壳了。经过反思，他认为这是因为其中的很多内容他无法深入理解，于是他打算用“抄书”的方式读，也就是将书的内容用键盘直接打出来！再之后就没有了下文，自然是不了了之……这个例子背后，是一个很普遍的问题：阅读的目标不明确，不知道是为了娱乐阅读，还是为了应用而阅读。

如果是娱乐目的的阅读，干吗要把事情搞成抄书那么难以坚持呢？如果不是娱乐而是应用，那么是否明确读这本书的目的呢？高效阅读的关键在于：在确保理解质量的前提下尽快阅读完书籍并投入实际运用。如果真的用抄书的方式，全套《冰与火之歌》7 本一共有 5600 页，每天抄 2 页，大概需要 7 年多的时间。这样的投入与回报，值得吗？

那我们应该采用什么具体的方式来区分娱乐阅读与应用阅读呢？可以尝试使用下面的四条原则。

1. 目标：娱乐阅读不需要设置目标，应用阅读一定要设置目标

阅读任何书之前都要问自己：“我读这本书的目的是什么？”如果是以娱乐为目的，就投入书所讲述的故事或是情节中，体验和感受故事的魅力。如果是以应用为目的，就要问自己：“这本书可以如何改变我目前的状态？”“我可以如何应用书中的知识或技能？”

2. 有限时间：娱乐阅读不用设定时限，应用阅读一定要设置时限

很多优秀的文学作品都花了十年以上的时间才写完，也值得慢慢品读。但对于这个时代的读者来说，时间是最为宝贵的资源。如果一年只读完一本书，那么你的视野就只局限在这本书的知识和内容中。对于娱乐型阅读，不需要设置时间限制，根据自己的喜好安排阅读就好。对于应用型阅读，一定要设置时间限制，必须在规定的时间内读完，这样才算高效。

建议如果是以应用为目的，最少要保证一个月读完一本书（相当于埃隆·马斯克阅读量的 1/60）。

3. 强度：娱乐阅读是轻松的，应用阅读是紧张但高效的

应用型阅读，应该是有目的、有计划的刻意练习过程。理想状态下的应用型阅读，大脑会非常活跃，能快速地接收书中的信息，并随时和自己的实际情况互动。娱乐型阅读则不必这样，只需要跟随作者的安排，享受阅读的旅程即可。通常娱乐阅读，哪怕是阅读

题材沉重的作品，但整体的感觉是愉悦且轻松的。而应用阅读则更多是紧张、困难甚至痛苦的。

但请记住：上坡的路永远是困难的。

打个比喻，娱乐阅读，就像是坐在马路边，轻松地看着面前流动的车辆；而应用阅读，则是自己驾驶汽车有目的地在车流里朝着某个方向前进。

如果用时间和场景来区分两种阅读方式的话，就是：应用型阅读适合在清晨头脑最清醒、最理性的时候进行；而娱乐型阅读适合在劳累一天之后的傍晚，头脑需要放松，处于感性状态时进行。

4. 输出：娱乐阅读和应用阅读都应该进行输出，但形式可以不同

读完任何一本书，都需要进行输出。输出的形式各种各样，写书评、发表感想、讲给别人听，或是在生活中进行实践等，都是输出的形式。不论是用于娱乐还是应用目的的阅读，都最好进行一定的输出。这样你会对读过的书，有更深的印象。因为输出是主动的行为，这种行为会更多地刺激大脑中的神经元，增加大脑对内容的认知和记忆。所以哪怕你是出于娱乐目的读完一本侦探小说，在晚餐时和亲友讲讲这本书的故事内容，都会增强你对它的认知，增强阅读体验。

2.3 阅读的深度与广度

2.3.1 阅读的深度：成为专家之路

另外一个关于书籍的选择标准，是深度和广度。深度阅读可以让我们对某个领域有全面的结构性认识，帮助我们成为某个领域的专家。而广度阅读可以让我们了解其他领域的基本知识，能够更多样化、更全面地看待世界。

在继续阅读下面的内容前，请先回答这几个问题：你所从事的行业是什么领域？你是否了解和掌握这个领域的基本知识体系？你是否知道这个领域的主体知识框架、局部分支和技术的细节？你是否掌握这个领域的专业术语，了解最新的动向？你是否知道这个领域最著名的专家和他们的成果？如果对于上述问题的回答都是“是”，你就算是这个领域的专家了。针对上述问题进行的专业领域阅读，就属于深度阅读。

举个例子，SpaceX 的创始人埃隆 · 马斯克是目前地球上火箭领域的行业领袖，但他并不是相关专业毕业的。别人问他是如何成为火箭专家的，他说：“我读书啊！”他阅读了市面上所有关于火箭技术的书籍，然后梳理出基本的知识体系和框架，并有意识地去填补那些需要掌握且可以直接应用的知识点。这种深入学习带来的成果，就是他通过自学，快速成为这个星球上将火箭技术实际应用到项目中的顶尖专家之一。

根据《黑天鹅》的作者纳西姆 · 尼古拉斯 · 塔勒布的观点，这个时代是一个“极端斯坦”的时代，也就是说，历史上常见的正态分布已经被越来越明显的头部效应取代了。这意味着赢家通吃：1% 的人有着全世界 80% 多的财富，5% 的自媒体有着 99% 的流量，各行业前 10% 的人赚取了 90% 的利润……这也意味着如果你能做到自己所在领域的前 10%，也就是成为头部，就绝对不会再愁工作是否稳定，收入是否有保障。这也意味着每个人都要找到一个自己的专属领域，然后努力成为那个领域的前 10% 的专家。

带着明确的目的去深度阅读，每读一本相关的书都提前问自己：我要收获什么？我如何把这些知识应用到实际中？往往在深度阅读 5 本以上专业领域的书籍之后，一个人基本就能够形成自己的知识体系与框架了。

2.3.2 阅读的广度：培养更全面的知识体系

如今这个时代，一个人只是具备一种专业知识，已经不足以面对现代社会的挑战了。换句话说，我们需要在知识与能力的广度上，达到基本的条件。随便举个例子，在任何一个城市工作生活的年轻人，他需要了解一些基本的经济类知识，才能了解社会运作的规律。他需要学习自己从事行业的专业知识，这样才能有竞争力。他需要掌握一些金融或是理财的知识，才能合理地规划自己的收支。他需要学习一些社交技能，才能拓展自己的人际圈，获得更多工作机会。他需要学习一些健康和营养的基本知识，才能有更好的身体，活得更久更健康。他甚至需要学习一些与异性相处的心理常识，才能找到适合自己的另一半。要学习的东西实在太多，这个时代逼得每个人必须要有知识和技能上的广度。而最让人头疼的是，很多我们需要的知识和技能，在十几年的学校生活里是没有专门学过的，只能自学。所以一个人在进行阅读时，必须要考虑广度，也就是以多样化的视角看待同一领域，或是增加自己认知领域的范围。

当同时具备知识的深度与广度后，这个人就成了所谓的“T 型人才”：用字母“T”来表示他们的知识结构特点，“—”表示有广博的知识面，也就是知识的广度，“|”表示对某一领域有着深入的理解，也就是知识的深度。这种人才的知识结构不仅有专业知识方面较深

的理解能力和执行能力，也具备较强的创新能力。换句话说，T 型人才有着更强的职业优势。

下面是一些在认知的广度方面，每个人都值得注意的领域：

• 运动健身与营养保健——没有好的身体，什么都无从谈起！

• 心理学——了解人的内心，也就了解了人的行为，也就了解了很多与人有关的事情的原因与规律。

• 历史——很多事情你觉得前所未有，其实以前都发生过。

• 传记——那些牛人是怎么做的？阅读传记可以学到。

• 科技——这是个科技快速发展的时代，不论你从事什么工作，都一定会和科技有关联。

• 技能学习类书籍——从摄影到开车，从烹饪到演讲，学习是个终身的过程。

• 经济与商业——经济就是社会互动的方式，商业就是价值交换的方式，你只要生活在社会中，就需要这样的知识。

2.3.3　深度与广度的平衡

深度阅读可以让一个人对某个领域有全面的结构性认识，帮助他成为某个领域的专家。而广度阅读可以让一个人了解其他领域的基本知识，让他能够更多样化，更全面地看待世界。这两者都很重

要，而平衡好两者更重要。

短期内，人可能专注于深度阅读或是某项具体技能的学习，但长期来看，两者之间的比例最好是 1∶1。长期，指至少一年的时间周期。比如你计划一年内读 50 本书，那么可以在自己的专业领域深度阅读 25 本，而在其他不同的领域选择 25 本书来拓展自己的认知广度。

举个例子，假设一个做市场运营的职场新人，想要提升自己的专业技能，也想要学习其他领域的知识，比如理财、健身等方面的知识，那么可以将自己的阅读学习比例按照 1∶1 的基准来设定。如果一年学习 50 本书（即应用型阅读，而不是娱乐型阅读），可以选择 25 本与自己岗位，也就是市场运营有关的书籍，比如《引爆点》《增长黑客》《文案训练手册》《定位》《认知盈余》《精益创业》《点石成金》《用户体验要素》等书。另外，可以选择 25 本有助于拓展自己对世界认知广度的书籍，比如《人类简史》《断舍离》《精准努力》《番茄工作法》等书。

如果是刚刚入职工作的职场新人，建议在就职开始的前几年，适当增加自己在深度方面的阅读比重。同样，如果想要转换自己的职业方向，也可以将深度阅读的比重调高一些。

2.4 阅读的态度、目的、时机和方向

2.4.1 阅读为人生服务，而不是相反

大提琴演奏家马友友，以其优美的作品为人所知。他对于音乐的理解，和很多音乐家不太相同。音乐对于马友友来说，更多是一种生活中很重要的寻找意义的手段。虽然他很关注技巧与表现，但他更关注的是如何通过音乐给他人带来欢乐，给普通的人生活增添更多的乐趣。在进行音乐训练时，他并没有像其他的音乐家那样每天练习几个小时。他每天花在练习上的时间也就几十分钟，但他会非常专注地投入到那短暂的练习中。他认为自己首先是一个人，其次才是一个音乐家。他的故事对我提升阅读能力也很有启发。不管是谁，首先必须是一个人，其次才是追求在阅读方面具体的速度和

效率。阅读是为人生服务的，而不是相反。

很多人在生活和工作中做事情时，都是以一种“默认”的状态开始的。大多数情况，这种状态可以有效地节省人的脑力，这是人类在漫长的进化演进过程中，给头脑设置的一种自我保护模式。在《思考，快与慢》一书里，诺贝尔经济奖得主丹尼尔·卡尼曼就将人类大脑的思考模式分为两类：系统 1 和系统 2。卡尼曼认为，人类的大脑有快与慢两种作决定的方式。常用的无意识的系统 1 依赖情感、记忆和经验快速做出判断，使人能够迅速对眼前的情况做出反应。但系统 1 也很容易上当，它固守“眼见即为事实”的原则，任由损失厌恶和乐观偏见之类的错觉引导人做出错误的选择。有意识的系统 2 通过调动注意力来分析和解决问题，并依赖逻辑做出决定。它做出的决策更可靠，但因为它更费脑力资源，所以并不总是常用。前面提到的“默认”状态，一般都是基于系统 1 的方式。

这个理论也适用于阅读领域：一个人在选择一本书时，很多时候并不清楚自己为什么要选择那本书，往往都是有人推荐就去选择的。这就是一种“默认”的状态。如果问一个人为什么读这本书，常见的回答是：“我觉得这本书很好啊！”或是“因为是某个朋友或是我信赖的人推荐的，觉得不会错。”这样的回答，是基于系统 1 的思考：信赖某人，所以也信赖他的推荐。而同样的问题，如果加上一定的角度：从你个人的角度，你为什么要读这本书？面对这个问题，你就需要思考自己的阅读目的、目前的关注点、生活或工作的重点，甚至是人生观与世界观。这个问题需要系统 2 的思考模式，也就没那么容易回答了。

我们在选择读一本书时，要清楚选择读这本书的目的。开始阅读时，一定要非常诚实地问自己这样一个问题："我为什么要读这本书？"并且给出一个坦诚的答案。当你觉得自己的答案并不能支撑你在时间与精力上的投入时，就可以果断放弃。很多时候并不是书不好，只是时机不合适而已。

虚构与非虚构类的书，阅读目的差别会比较明显。通常阅读虚构类的书籍，是出于放松、娱乐和满足好奇等目的。而非虚构类的书籍，如果没有很明确的目的，其实并不容易坚持。这里的"明确"，指的是"是否能用具体的文字描述"。不把目的写下来，阅读的目的也就是不明确。

确定了阅读的目的，也就可以做出决定，要使用什么样的方式进行阅读。如果你只是为了获取书中的某些具体的信息或是知识，就不需要完整读完整本书。有了阅读的目的，你也可以做出判断，应该使用什么样的方式阅读。

建议在开始读一本书前，先回答这个问题："我阅读这本书，是因为：……"把答案写下来，可以用便利贴贴在书上，或是记在自己的记事软件里。如果没有写下阅读原因，就不要开始阅读。

2.4.2 不合适的书，可能是时机不合适

我在两年前阅读一本书《洞见》，在那时，我处于职业的转型期，精力与注意力主要花在如何提升自己的职业专业技能方面，对于心灵成长的讨论，不在当时的专注范围。所以阅读时断断续续，读了40%感觉没有明显的收获，就果断暂停。但我知道这本书很好，只是不适合当时自己的方向与状态。最近我开始恢复冥想，加上之前读了一些与心灵成长相关的书，对于进化心理学作为一种哲学与生活方式有了一些粗浅的认知，然后再开始读这本书，感觉非常棒！很多观点与认知都与第一次不同，也从不同的角度，看到了完全不同的进化心理学。同样一本书，不同的阶段阅读，感受就完全不同。

没有不好的书，只有不合适的时机。比起强逼着自己读完一本书，更重要的是有意识地让自己能在合适的时间阅读合适的书。

2.4.3 选择阅读的方向

很多人在选择要阅读的书，特别是应用类的书籍时，有一个很常见的误区，就是没有清晰的方向。

不知道你是否还记得在小学语文课本里爱迪生关于阅读的故

事？发明大王爱迪生小时候没有系统地上过学，他在 12 岁时当上了火车上的报童。火车每天在底特律停留几小时，他就抓紧时间到市里最大的图书馆去读书，风雨无阻。他读书的劲头虽然很足，但却是以图书馆的图书次序读的。后来因为一位好心人的指点，他分析了自己的爱好与特长，将目标集中于工程学书籍的阅读。这不仅让他的读书更有效，也为他的发明创造打下了坚实的阅读基础。这个故事是否真实发生在爱迪生身上，我不确定，但这种带着明确的方向进行阅读的方法，一定能大大促进一个人对于这个方向的认知与理解，并由此获得巨大的收益。

沃伦·巴菲特就是在专业领域带着明确目的进行阅读学习的典型代表。因为对于投资感兴趣，他从小就开始阅读和学习与股票投资相关的书籍。在他读遍了父亲所有的收藏后，他以哥伦比亚大学图书馆为阅读的大本营，系统性地阅读投资类的书籍。一段时间之后，他读完了该领域大部分的书籍。这种在专业领域极度深入的细耕，会让知识产生奇妙的化学反应，“举一反三”“触类旁通”这类好像是武侠小说里“打通任督二脉”的情况，会在大量系统地阅读专业领域书籍的情况下发生。巴菲特专注于阅读投资领域的书籍，帮助他成为该领域最有知识与经验的专家之一。

2.5 书的阅读优先级如何确定

2.5.1 书籍选择象限表

当你有了自己的待读书单后，就相当于有了一个随时可以调取书籍的资料库。接下来要做的，就是从其中选出要读的书，开始阅读！但如果你的待读书单里有很多书，如何知道接下来读哪本书可以带来更多的价值呢？通常人的大脑会有自己的一套算法，并做出判断。如果你大致觉得某本书从感觉上很合适自己，那么通常这是大脑通过分析给出的建议，听从它的建议，一般都不会有问题。但如果你无法判断读什么书更合适，下面的这个工具——书籍选择象限表，可以帮助你选出目前对自己最有价值和影响的书。

前面的章节提到两组选择和阅读书籍的标准：应用型阅读与娱乐

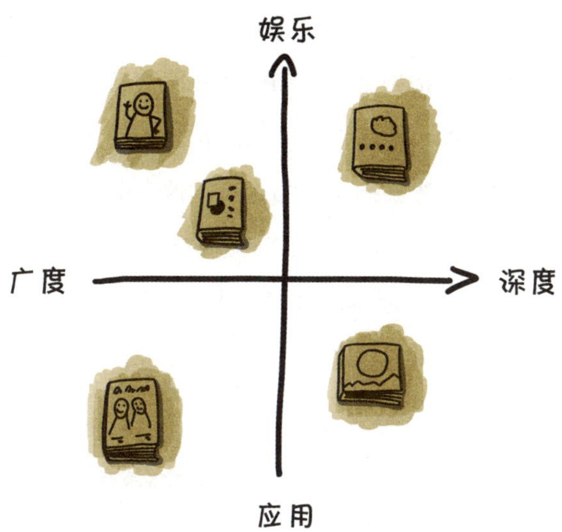

型阅读，广度阅读与深度阅读。如果将这两组标准画成一纵一横的两条直线，就可以得到一个象限表（如上图所示），横轴是娱乐 / 应用，纵轴是广度 / 深度。第一象限是偏娱乐，且对某一领域进行深度探讨的书；第二象限是偏娱乐且可以拓展知识广度的书；第三象限是偏应用，但可拓展知识与技能广度的书；第四象限则是对于某一应用领域进行深度研究的书。

当你根据行业与兴趣，确定了自己的娱乐 / 应用、深度 / 广度的标准，就可以根据自己的情况，把一本书简单评估，放到这个象限表里。比如之前举过的例子，一个做市场运营的职场新人，其应用方向包括市场分析、数据、传播、消费者心理等领域，而娱乐方向则是自己感兴趣的其他内容，比如电影、旅行与文化等。深度指在某一领域的专业深度，比如这个市场运营新人，他的工作可能会涉及提升公司网站的内容访问量，那么讲述搜索引擎优化的《SEO 艺术》就属于提升专业深度的书。广度则是指可以提升其专业的广度，常见的一些“软技能”的书都属于这一类，比如探讨如何让演讲内容打动人心的《TED 演讲的秘密》。

2.5.2 制订适合自己的阅读优先级象限表

娱乐与应用、深度与广度，只是用于选择书籍的两组尺度。每个人的关注点、资源与领域不同，也可以根据自己的情况，选择合适的尺度。

比如，可以将预计的阅读时间作为一个尺度，再将书籍划分为专业领域与兴趣领域，就可以得到另外的一个象限表（横轴为时间：少 / 多，纵轴为专业 / 兴趣）。把想要阅读的书放到这个象限表里，就能帮助自己根据实际情况选书。比如刚刚参加工作的新人，感觉在专业方面需要提升，但可以支配的时间相对不多，那就可以选择在象限表上处于“专业 / 所需时间少”区域的书籍进行阅读。也可以将深度与广度阅读的指标换成深阅读与浅阅读。深阅读指逐字逐句、每句读懂的阅读方式，而浅阅读指快速浏览，过程中可以有忽略的阅读方式。这样的指标，加上娱乐与应用指标，就可以得到一个新的象限。

最后要强调一点，书籍选择象限表，只是一个帮助我们对读书优先级进行排序的工具。有了它的帮助，你可以知道自己接下来读哪本书能带来更大的价值。比起对书籍的排序和整理，去阅读具体的书籍，才是更加重要的事情。

2.6 找到阅读导师，让他们帮你选书

2.6.1 搜索阅读大咖的书单与读书分享

很多时候，我们在阅读时的一大问题，是选择什么样的书来阅读。如今，大家越来越注重自己吃进嘴里的食品和药品，而书籍也是大脑的食品，选择优质的书籍，其重要性不亚于选择品质放心的食品。

整体来说，在书评网站口碑评论不错的书，通常都不会太差。豆瓣、亚马逊、Goodreads 每年更新的年度书单，也会是很好的参考。如果你想要阅读的目标再具体一些，再个性化一些，还可以关注一些比较靠谱的书评人的推荐。有一些知识分享者会经常分享他们的阅读心得、见解，如果你觉得他在阅读方面的推荐还不错，只需要关注他们的社交媒体或是订阅他们的频道，听到相应的书籍推荐时，

就随手记录下来，保存到自己的可选书单中。比如我在 YouTube 上有关注几位书评播主，其中一位名叫弗兰克的效率学习类视频播主，经常会在视频里推荐他的书单。我觉得他的推荐很合我的兴趣，于是他推荐的书，我通常都会去预读一下。同样，全球播客界达人，畅销书《每周工作 4 小时》《巨人的工具》的作者费里斯的书目推荐，我也比较喜欢。这种方式，会让你不经意间遇见一些令人惊喜的好书。比如我在几年前就是看到自己欣赏的游戏制作人陈星汉的一条微博，才知道了《牧羊少年奇幻之旅》这本书。我当时阅读完非常喜欢，查阅一些资料后，才知道这本书在世界范围内竟然如此受欢迎。

所以，你可以有目的地找一些见解、知识和品位自己比较欣赏的知名作者，然后去查一查他推荐的书，通常都会有很多收获。

如果你想一次性查找某位知名作者推荐的所有书籍，也可以在搜索引擎里输入该知名作者的名字 +“推荐书单”或是“推荐书籍”这样的关键字组合，通常就可以查阅到这位知名作者推荐的大部分书籍。比如你比较欣赏梁文道关于阅读的见解与心得，想一次性找到所有他推荐的书，可以在百度或是谷歌搜索引擎里输入“梁文道书单推荐”，就能找到几乎全部他推荐过或是介绍过的书籍列表。英文类的书籍，这个方法同样适用。

同样的，对于垂直领域的专业类书籍，如果你有认识或是听说过一些该领域的顶尖专家，也可以使用“专家名字 + 图书推荐”的搜索方式，找到该专家在其专业领域的推荐书目。

2.6.2 成为一名“好书侦探”

可能你也会说，我都不认识那些知名作者，怎么查找他们推荐的书呢？可以假设自己是一个侦探，或是八卦小报的记者，在查找时，可以灵活地使用各种线索。例如，你对经济学领域有兴趣，但还没有开始对这个领域进行研究，对它的了解很少。如何找到在这个领域里适合自己阅读的书呢？哪怕是对经济学领域完全不懂的人，也会知道，瑞典皇家科学院诺贝尔奖有专门的经济学奖，每年颁发给经济学领域的研究人员。获得诺贝尔奖的，自然是这个领域的顶级知名作者。他们写的书，或是他们选的书，会大概率值得阅读。在搜索引擎输入“诺贝尔经济学奖清单”，其中有一条搜索结果就是百科的“诺贝尔经济学奖得主列表”，然后你就可以根据上面的简介，找到感兴趣的知名作者，做进一步的调查。

发达的网络，让我们的信息半径同以往相比增加了几倍甚至是十几倍。在我们身边，总有一些朋友会更主动、更频繁地分享一些阅读方面的信息。他们可能贴出自己读过或是正在读的书，可能转发某个公众号的书评文章。如果你觉得这些朋友的品位和推荐符合你的情况，不妨查看或是搜索他们的推荐。虽然他们不一定是知名作者，但也很可能推荐一些让你觉得眼前一亮的好书。

2.7 制订你的“待读书单”和“聚焦书单”

2.7.1 没有什么书单适合所有的人

“我打算新的一年多读几本书!”你可能也有过这样的决心。有了读书的打算之后，你会做什么呢?通常很多人会第一时间去寻找书单，或是去请人推荐一些值得读的书。我就经常收到朋友或是网友的私信，让我推荐书。但通常，我都很难给出具体的建议。他们让我推荐书，我却不知道他的学科或是行业背景，不知道他的阅读目的，也不知道他的兴趣爱好，这样的推荐，基本是无法进行的。

每个人的工作领域、职业目标、兴趣爱好和知识背景都不同，书单也不可能一模一样。那些所谓“不可不读的 100 本好书”的书单，适合作为一个基本列表来开始。但不是所有的书都适合所有人，更没有必要阅读书单上的每一本书。跟随别人的书单进行阅读是阅读的一大误区，我们应该根据自己的情况，创建属于自己的待读书单。

选择想要阅读的书，基本的步骤是通过漏斗式的方式筛选。首先创建一个“好书收件箱”式的待读书目清单，将自己感兴趣的书、别人推荐的书、买了还没读的书，或是通过其他渠道了解到的书都保存到这个清单里；其次，根据自己的时间资源与目标，列出一份“聚焦书单”，上面是确定会对自己的职业发展、知识结构和眼界有帮助与提升的书；然后就是具体去执行阅读计划了。我们先看一看什么是待读书单，以及如何创建一个自己的待读书单。

2.7.2 待读书单

待读书单是一份包容所有你感兴趣，并可能会阅读的清单，也许称它备选书单更为合适，因为你不需要阅读上面的所有书籍。它是你在书籍领域的“收件箱”：当听到别人推荐某本书时，你把它加入自己的待读书单；当你查看读书网站的年度推荐时，你将某几本感兴趣的书加入待读书单；当查看自己的书柜或是电子书 App 时，你把已经购买过的书加入待读书单；看到有某个微信公众号推荐了 5 本书，其中几本你觉得有点意思，添加到待读书单；和朋友吃饭聊天，提到了他 / 她最近在读的某本书好像挺不错，添加到待读书单；看某个电视节目，你欣赏的艺人或是专家说起了某本书，你觉得值得去了解一下，添加到待读书单！这是一份动态的，可以随时增加或删减的清单。它的作用是帮助你将海量的、几乎无限的可阅读书籍，进行第一次过滤。

添加书籍到待读书单时，标准可以很宽泛。只要是自己感兴趣、觉得有意思，或是可能会对自己有帮助，就可以将它们先添加到待读书单里。你甚至不用对要添加的书籍进行具体的了解！比如你被某本书的书名打动，就可以先将这本书添加到清单里。需要明确的是，待读书单不是必须要读完的书，不要因为这个清单上有很多书而感到压力。也不要只是添加某一类别的书，可以有意识地提醒自己，添加一些自己不熟悉的领域，或是另一种形式的书，增加阅读的可能性与多样性。

在创建待读书单的时候，先不用购买上面列的书籍。不过，我推荐先查看一下自己的书架和电子书列表，将自己已经拥有的书初步筛选一下，然后把有意向阅读的那些书，放入待读书单。很多人可能像我一样，都有“买书如山倒，读书如抽丝”的毛病，这个步骤可以让我们对已经拥有的图书资源有一个大概的把握。

你可以用一个最基本的文本文档作为自己的待读书单。创建一个文档，把书一本一本按名字添加到这个文档里。对很多人来说，使用手机自带的备忘录，就是一个很好的方式；也可以使用稍微复杂一些的工具，比如 Excel 表格，或是 Notion 之类的笔记软件；另外，还可以直接使用书籍信息平台，比如豆瓣或是 Goodreads 来创建自己的书单，这种方式的优点是可以快速查看该书的大部分基础信息。

虽然存放在待读书单里的书，不需要太多相关信息，但如果在添加时，能够简单在书名后备注自己添加的理由，会让分类更加轻松。比如在某次聊起摄影的话题时，你的朋友老李说：“《纽约摄影学院摄影教材》虽然很难啃，但读完后对于摄影的理解会完全不一样。”另一个朋友老王说：“如果是想拍好旅游的照片，那么推荐《风光摄影解析》这本书，我读过，很实用！很多技巧都可以在出门旅行时用上！”你就可以将两本书都添加到自己的待读书单里，并分别标注：

- 《纽约摄影学院摄影教材》：从基础理论学习摄影（老李推荐）
- 《风光摄影解析》：实用的旅行摄影技巧提升指导（老王推荐）

创建完待读书单，你就有了一份属于自己的可选书目资料库，然后，就可以以待读书单作为基础，创建聚焦书单。

2.7.3 聚焦书单

有了自己的待读书单，就相当于有了自己的待读书目资料库，之后，可以通过书籍阅读象限表或是其他排序的方式，选出一批在短期（1~3 个月）内，应该阅读也想要阅读的书目。这就是你的聚焦书单。

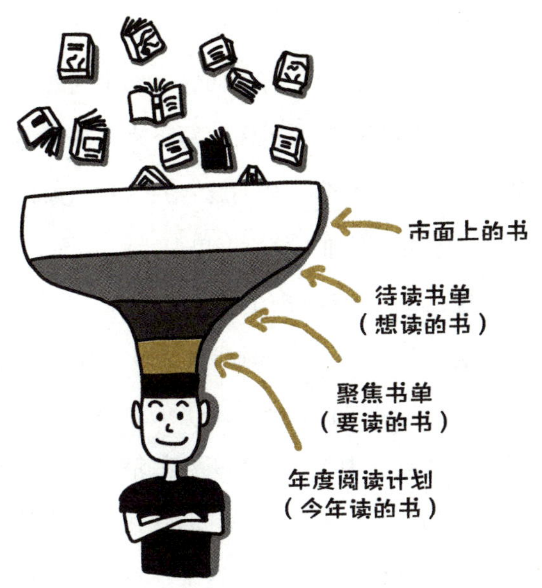

聚焦书单上的书，是自己已经确定要阅读的。这一点与待读书单不同。把书添到待读书单，不需要有什么压力，因为你不用承诺一定要读，只是暂时保存这本书的基本信息而已。但聚焦书单就不一样了。聚焦书单上的书，都是自己承诺一定要读的。所以在添加书籍到聚焦书单时，也要比较慎重。你需要问自己：如果把这本书添加到聚焦书单，意味着我至少要用生命中几个小时甚至十几个小时的时间阅读它。我做出这样判断的理由是什么？

正是因为这样的原因，在把书放进聚焦书单之前，你需要问自己两个问题：我为什么要阅读这本书（阅读的理由）？这本书的知识、技巧、方法和经验能给我的生活带来什么帮助（对于阅读的预期）？所有非虚构类的书籍，都需要回答这两个问题，才能将书放进聚焦书单。这两个问题的回答也需要写下来，放进书单里作为参考。虚构类的书，需要回答第一个问题：我为什么要读这本书？有了确定的回答后，才能将书加入聚焦书单。

这时你会发现，要回答这两个问题，只是看一下书名，往往是不够的。这时，就需要用一点点的时间对这本书做一个基本的调查。你可以前往这本书的豆瓣页面，看看对书的介绍，也可以去亚马逊或当当等购书平台，看看别人的推荐。这些信息，通常就可以帮助你回答关于阅读目的与预期的问题。同时，在查看书籍信息时，你还可以看到这本书的页数或是字数，这个信息能帮助你估计大概要花多长时间读完该书。这个调研的步骤通常一两分钟就可以完成，却能减少读到不合适的书中途放弃的时间浪费。

聚焦书单上的书不需要很多，也不应该很多，通常 20~30 本就够了，建议使用一个单独的文档而不是书籍资讯平台（豆瓣、Goodreads）来管理聚焦书单。因为聚焦书单中的书需要包含你的阅读理由与预期，使用一个单独的文档更方便管理这些信息。

有了聚焦书单，我们可以凭借它，创建年度阅读计划。

2.8 创建年度阅读计划

2.8.1 计算自己的阅读可用时间

有了待读书单和聚焦书单，你就知道阅读哪些应用类书籍对自己最有帮助和能有所收获，之后要做的，是创建自己的年度阅读计划。这个计划包括两步：第一步是自我评估，你能够投入多少时间资源，用于学习型阅读；第二步是结合你的聚焦书单和可支配的时间资源，制定具体的阅读计划。

学习与成长，一个重要的原则是坚持，就像健身或理财，哪怕只投入极少的时间或金钱，只要持之以恒，坚持一个相对长的时间周期，必然会有巨大的变化。

根据安东尼·罗宾斯的投资理论，大多数人会过高估计一年内所获得的成果，却过低估计三年内的成果，通过学习型阅读进行自我提升也是如此。如果能坚持一年以上，哪怕每天只是投入 30 分钟这样不起眼的一小段时间，也必然可以带来巨大的收获。

首先，你需要对自己做出一个承诺：在接下来的一年，我将每天投入 X 分钟的时间进行学习型阅读。这个时间根据自己的情况设定，不做限制，但一定要切实可行。我建议，尽量保证每天能抽出 30 分钟的时间用于高效阅读，这样可以保证较好的阅读效果。当然，不管怎么样，只要能抽出时间阅读，都是好的。如果每天 30 分钟对你来说有些难，那么可以先从 20 分钟甚至只是 10 分钟开始。

注意，这个承诺是每天要进行学习型阅读，而不是泛指所有的阅读。出于娱乐与放松目的进行的阅读，不建议包含到这个时间里。在做出这个承诺时，要切合实际，不要好高骛远，能坚持一年的每天 10 分钟，要比只能坚持一周的每天 2 小时好得多。

“在接下来的一年，我将每天投入 X 分钟的时间进行学习型阅读。”把这句话写下来，放到自己每天都会看到的地方，比如钱包里、书桌旁或是电脑桌面上。

根据自己承诺的时间，计算出你一年总计可以用来进行学习型阅读的时间。比如你承诺每天阅读 30 分钟，一年就是 182.5 小时；如果是每天阅读 20 分钟，一年就大约是 121.7 小时；每天 45 分钟，一年就是 273.75 小时。这个数字，就是你可以用于阅读的时间预算。

恭喜你，你现在有了自己的时间预算，知道了自己一年可以用于学习型阅读的时间，结合之前创建的聚焦书单，下一步只需根据自己的工作、生活、学习的优先级，依次选出打算阅读的书，你的个人年度阅读计划就基本完成啦。

2.8.2 制订年度阅读计划

每个人都知道我们要做的大多数事情，都可以用两个指标来划分：重要与紧急。很违反直觉的是，如果你想要最终进入健康有效率的工作状态，就要用最高效的时间，去做重要但不紧急的事。这个原则在阅读方面有两重意思：第一，阅读本身就属于重要但不紧急的事，所以它值得利用每天最有状态的时间进行。比如每天早晨，开始工作之前的时间。第二，选择书籍，特别是聚焦书单上的书籍进行阅读时，应该尽量选择那些重要但不紧急的书，也就是优先选择那些在专业领域很重要，讲述基本原理或技巧，比较难啃的书，然后再适当搭配一些直接、实用、定位更具体的书。

我们可以将自己的聚焦书单打开，结合自己目前的工作与学习情况，把上面的书籍根据能够给你带来的价值进行初步的排序，就像前面提到的，可以将重要但不紧急的基本原理类书籍和能够给你带来“快速胜利”的实用方法型书籍结合。

书名	理由	预期	时间
断舍离	学整理	扔东西	5小时
……	……	……	……
……	……	……	……

如果你按照上一节的内容整理自己的聚焦书单，那么你的聚焦书单应该已经回答了这两个问题：我为什么要阅读这本书？这本书的知识、技巧、方法和经验能给我的生活带来什么帮助？接下来，你可以选出自己想要在这一年阅读的书，放到一个空白的清单里：这就是你的年度阅读清单。

在这个清单里，你要预估每本书大概会花掉的阅读时间，并在旁边标注。例如，你的清单里有一本《断舍离》，你在整理聚焦书单时，看了这本书的简介，一共有 192 页。根据自己以往的阅读速度，你预计用不到 4 小时，就可以把这本书读完。所以你可以在清单里这本书的名字旁边标注：4 小时。

按照年度计划阅读总时间的 60%，整理自己打算阅读的书，并按重要与实用的标准排好序，就可以得到自己的年度阅读计划。比如你的年度总阅读时间是 180 小时，60% 是 108 小时，就可以整理出大概预计阅读时间总和为 108 小时的一个书单。

为什么不直接将预计阅读时间排满，而是只排出 60% 呢？因为读书也是一个发现新书的动态过程。在这一年之中，可能会有新的值得阅读的书推出，或是你又发现了某些很值得阅读的书，所以可以给自己留出一定的空余。60% 是比较适合我的一个数字，你也可以根据自己的具体情况调整。把这些书都列在一个文档或表格里，你就有了一份进行阅读学习的基本计划。

这份文档应当包括以下信息：

- 书名
- 阅读的理由（我为什么要读这本书）
- 阅读的预期（这本书能给我带来什么帮助）
- 预计阅读的时间

保存好这份文档，除了定期查看添加新书之外，我们也会在进行阅读时用到。

2.9 阅读进度跟踪表

在之前的章节，我们创建了自己的待读书单和聚焦书单，也有了一份基本的年度阅读计划，包含你在接下来的一年想要阅读的书目和大概估算的时间。这些工具可以让你对接下来要阅读的书，有一个基本的方向。有了这些信息，你不但可以随时开始阅读，也可以不断将新的书收集整理，存储到自己的阅读信息系统里。

接下来，我们要创建一个可以帮助我们按时完成阅读任务的工具：阅读进度跟踪表。

首先用你最熟悉的文档工具，比如 Word、Excel、石墨文档或其他工具，创建一个基本的表格，或者用一张白纸手绘一个表格也可以。按如下步骤进行：

1. 将表格按月份天数划分为 31 行；

2. 将第一列，设置为具体的日期；

3. 将第二列，设置为阅读的书名；

4. 将第三列，设置为空白的打卡部分，注明你计划花的时间；

5. 将第四列，设置为备注；

6. 添加上月份作为表头，表格就完成啦！

之后，你可以将这个表格打印出来，或是在电脑上保存，完成当天的阅读后，就在表格上打卡。注意不要作弊，这个表是给自己看的，如果没有完成 30 分钟的阅读，就不要在上面打卡。

如果你喜欢读完一本书再读下一本，那么也不用每天都填写书名，写“同上”即可。如果你喜欢交叉阅读，那么就写清楚每天读的书名。备注栏可以填一些当天阅读的心得，但不要用太多时间，一句话就好。我们的主要目的是培养习惯。另外，读完一本书之后，要记得在表格上注明，这也可以激发自己的成就感。

不要等到月初才开始计划，马上就开始进行记录，比如你是 8 号开始阅读的，就把这天设置为开始的时间就可以。

使用这个阅读打卡工具，坚持记录一个月，就基本可以将每天阅读的习惯培养起来。结合之前整理的年度学习型阅读计划表，你就已经在阅读方面比大多数人领先了。知道了自己阅读的目标，再根据自己的专业和想要提升的技能列出阅读的年度清单，并且通过练习，培养出每天阅读的习惯。换句话说，你有了明确的方向，每天都在朝这个方向前进，这样你已经成功一大半了。

2.10　12 条简单可行的选书技巧

找到适合自己阅读的好书，并不是一件容易的事。前面的章节，我们已经知道了应用阅读和娱乐阅读的区别，深度阅读与广度阅读的不同，构建了自己的待读书单和聚焦书单，也有了阅读优先级象限表和阅读进度记录表这些帮助进行计划阅读的工具。我们已经构建了属于自己的一套阅读信息系统。这一节，我们给这个阅读系统，提供它需要的燃料：书籍。本节分享 12 条简单可行的选书技巧，可以让你的待读书单，一直不缺值得读的好书。

1. 豆瓣和 Goodreads

我们首先可以从书籍信息平台豆瓣和 Goodreads 开始。豆瓣和 Goodreads 分别适用于寻找中文和外文的书籍。在这两个网站，你可以找到任何在地球上已经出版的书籍。它们都有上千万部书籍，供你选择和查看详细的信息。当你从某处听说一本书，可以在豆瓣或是 Goodreads 查找其进一步信息，除了图书简介、出版社和作者等信息，你还可以看到网站评分和读者评论，便于进一步了解该书的信息。也可以通过创建书单的方式，建立自己的待读书单，将看到的好书添加到自己的待读书单列表中。

除了豆瓣和 Goodreads 之外，你还可以从常用的购书平台，比如 Amazon 和当当网查看书籍的信息。

2. 诺贝尔文学奖获奖图书

如果你想多阅读一些文学类的书籍，那么通过诺贝尔文学奖获奖列表进行查看，可以获得很多选择。诺贝尔文学奖自 1901 年开始颁发，118 位作家先后获得这项殊荣（截至 2021 年），在诺贝尔奖官网，有全部的得主名单，除了可以查看他们的生平与作品之外，还可以观看颁奖的视频。

另外，作为这个方法的延伸，也可以查看在某个领域诺贝尔奖得主的书籍著作。你如果对经济领域感兴趣，可以查看这个领域的得奖作者，以及他们的著作或是他们推荐的作品。比如 2002 年诺贝尔经济学奖的获得者丹尼尔 · 卡尼曼在 2011 年出版的心理学著作《思考，快与慢》，就是一本不可多得的佳作。

3. 百佳书单

很多杂志、网站或是其他媒体都会评选出至今为止最值得阅读的一百部（或是其他数量）好书。找到这些书单，看一看其推荐理由，将感兴趣的书添加到自己的待读列表中。在查看这类书单时也要注意，通常媒体推荐的书单，会比较集中于文化、历史、文学等领域。如果你需要获得更专业领域的书单，可以查看以专业领域为细分市场的媒体。

另外，前面提到的豆瓣和Goodreads，也会有它们的年度推荐书单和百佳书单，在这里也能找到很多适合自己的好书。

4. 避开畅销书

这条建议听起来似乎有点反常识：最畅销的书，难道不是阅读的人最多的书吗？是的。但最畅销的书不一定是适合的，更何况很多畅销书榜上的书，可能是因为营销、行业和传播等偶然的原因，成了畅销书，它可能并不是学习某个领域最好的选择。在选择自己要阅读的书时，应该有意识地提醒自己不要有“惧怕被甩在后面”的信息焦虑感；查看书的简介、推荐，根据自己的情况判断是否值得进一步阅读，而不是迷信畅销书的标签。

5. 直接去书店

不论是商业书店或是独立书店，通常都会有新书和经典书籍推荐区域。除了可以看到很多推荐书籍之外，你还可以看到书店的简评或是推荐的原因。同网络上的推荐不一样，在书店里，你可以更直观地看到书的详细信息，可以拿起书来翻一翻，感受其质感或是读上一两页具体的内容。另外在书店里，你更有可能会接触到自己认知范围之外的其他领域的书，因为在实体书店接触的信息带宽更大，更有可能碰到“偶然的好书”。

6. 询问书店店员

如果你已经去了书店，为什么不问一问书店里的工作人员，有没有什么书可以推荐呢？通常他们会根据你的问题，做出具体的推荐。也许你在找到适合阅读的好书之余，还可以交上一个喜欢读书的朋友，甚至可能获得购书的优惠呢！

7. 询问自己的亲友和同事

请教自己的朋友、家人或同事，最近在阅读什么书，或是有什么好书可以推荐，这也是最常见的一种寻找好书的技巧。别忘了，请他们推荐书籍的时候，也问一下推荐该书的理由。

8. 利用好图书馆

在很多图书馆里，通常也会有图书推荐区域。和书店一样，你可以直观地查看实体书，更棒的是：图书馆是免费的！

9. 去逛书展

很多城市都会有书展。除了专门的书展之外，一些会展活动，也会有专门的书籍区域。书展上的书籍通常都会以出版社、作者或是主题进行陈列，除了可以翻看之外，也有更多机会能查看到一些你没有听说过，但也许会眼前一亮的著作。

10. 阅读影视原著

影视作品是我们在这个时代可以享受的重要精神食粮。如果你对某部电影或是电视剧感兴趣，也可以找到其原著进行阅读。通过这种方式，你可以更细致地体会原著中的细节，同时也可以增加自己的阅读量。

11. 图书俱乐部

在豆瓣同城，或是微博、微信等社交平台上稍加搜索，你可能会发现自己所在的城市，很多人有和你一样的阅读需求。加入一个当地的图书阅读社群，除了可以找到更多值得阅读的好书之外，你也会结识一些同样喜欢阅读的朋友。

12. 你已经拥有的书

可能很多朋友和我一样，有大量已经购买但还没有开始阅读的书。花点时间，梳理一下自己家里已经有的书，不论是纸质书还是电子书，你可能会发现大部分需要阅读的书，都已经购买过了。

第三章

设计阅读习惯与优化阅读工具

3.1　一个习惯彻底改变你的阅读量

每天阅读 500 页书。知识就是这么渐渐积累的，就像复利一样。大家都有这么做的能力，但我敢保证，没有多少人真的这么做了……

——沃伦·巴菲特

3.1.1　每天阅读 30 分钟，就能成为 0.01% 的少数派

那些优秀的人是如何做到优秀的呢？不是因为他们更聪明，甚至也不是因为他们更有毅力，心智更成熟，往往只是因为他们具有良好的习惯。

要想多读书，最重要的一点是培养习惯。每个人的时间有限，如果有习惯驱动，自然可以坚持下去，通过长期的持续努力获得质

每天30分钟读书时间

变。一个人培养出良好的阅读习惯后，阅读就会变得没有压力，不会有那种“被逼着读书”的状态。

越重复，也就越熟练；越熟练，也就越容易；越容易，也会越愿意重复，然后你自然就会养成习惯，一直持续下去。

最有效改变阅读量的习惯，就是坚持每天用30分钟时间进行阅读。

只要能做到每天阅读30分钟，稍加练习，你就可以做到一年阅读50本书的阅读量。这其实是个算术问题。

美国人的平均阅读速度是每分钟200~300单词，也就是每分钟可阅读0.5~1页。大多数中国人的阅读速度在每分钟300~500个汉字之间，按平均一本书的字数为10万字计算，以每分钟400字的平均速度，读完一本书需要4.17小时。如果做到每天阅读36分钟，就可以达到一周阅读一本书的速度，也就是一年阅读 52 本书。

当然人不是机器，不可能做到每天都用相同的时间做相同的事。况且书的长度不同，难度不同，所用的时间也不相同。这个计算只是取一个平均值。重点在于，我们如果可以培养出每天读书 30 分钟的习惯，对于实现自己的阅读目标就有了一个最重要的保障。这是我们要实现的第一个目标。

而如果你继续练习和实践本书中的其他阅读技巧，大部分非虚构类书籍的阅读速度，都可以提升一倍。这样，同样每天 36 分钟，你甚至可以做到将阅读量翻倍，即一年 100 本书。

我们每天用在手机上的时间平均为 3 小时，而 30 分钟，只占每天 24 小时的 2.08%。无论有多么忙，你总能至少匀出每天 30 分钟的时间用于阅读的。起床后或是睡觉前各阅读 15 分钟，就可以达到这个标准。

所以，再强调一次：每天保证 30 分钟的阅读时间。只要先培养出这个习惯，哪怕不使用任何高效阅读的技巧，你就可以实现一年阅读 50 本书的目标。

以往的观点认为通常培养一个习惯，需要 21 天左右，其实这个“常识”并不准确。频率对于习惯的养成更为重要。在限定时间里保持一定的频率，就很容易形成习惯。如果可以连续若干天，保持一定的频率进行每天阅读，就比较容易养成阅读的习惯。

3.1.2 养成每天阅读习惯的四个关键

在亚马逊畅销多年的《掌控习惯》一书里，作者詹姆斯·克利尔揭示了养成习惯的四个关键步骤：让提示显而易见；让习惯有吸引力；让行动轻而易举；让奖赏令人满足。

我们可以借助这四个指导步骤，来帮助自己养成每天阅读 30 分钟的习惯。

1. 让提示显而易见

如果你计划第二天在上班的路上阅读，就把要读的书提前放到包里。如果打算在吃早餐前阅读，就把书放到饭桌上。如果打算睡前阅读，就把书放到床边。不要临时再找，更不要临时再决定要读什么书，提前准备好，你就不会占用宝贵的精力做决定。你只需要读就可以了。关键在于把你要读的书（提醒你阅读的提示），放在最容易看到的位置。

如果你像绝大多数现代人一样，经常无意识地用掉大量的时间刷手机，也可以在手机上安装一个电子阅读的应用程序，比如 Kindle App、微信阅读或是豆瓣阅读，然后将图标放在比较显眼的位置，比如手机的首页，甚至是 Dock 栏。我就将自己最常用的阅读程序 Libby 放在了手机的 Dock 栏。这样明显的位置也可以明显增加你的阅读频率。频率有助于养成习惯。

2. 让习惯有吸引力

阅读本身并没有特别明显的吸引力，所以我们需要找到一些更有趣的方式，赋予它一定的吸引力。一个常见的方式，就是把它绑定到另一件特别吸引你的事情上，完成阅读之后，你就可以去做那些想做的事。我曾经在完成每天的阅读之后，在自己的朋友圈打卡，写一两句自己今天读书的心得。这样的分享通常都会收获很多评论和点赞。这种好友互动，对我来说就是一件比较有吸引力的事，于是也就更容易坚持阅读。

说句题外话，后来我才意识到，我们对于社交媒体里信息互动的渴求，也是被软件团队有意识设计出来的。

3. 让行动轻而易举

在自己的包里、车里放一本书，并放在比较显眼的位置。这样在等待的时候，比如餐厅点完菜等待上菜时，或是开车碰到大堵车时，就可以利用等待的时间阅读（记得要首先观察一下周围环境，确保安全后再阅读）。我的习惯是在随身背包里带一个 Kindle 电子阅读器，非常轻便，只占很小的空间，可以随时拿出来阅读。在没有携带 Kindle 的时候，我偶尔也会使用手机端的 Kindle App 进行阅读。

另外，还可以利用现有的习惯触发阅读。就像跑步时扣动发令枪的扳机，运动员们就出发一样，你也可以选择用一件自己已经形成习惯的事情作为阅读的触发程序。这样，你只是在已有的积木上增加一块新的积木，比养成一个全新的习惯要容易得多。比如你习惯在一早起床后就开始一边听音乐一边刷牙，洗漱，吃早饭，可以尝试将音乐部分换成有声书。这样你并没有太多改变原来的习惯，却能将阅读融入其中。

4. 让奖赏令人满足

完成每天预定的阅读后，你要给自己一些奖励，比如喝一杯咖啡，吃点零食，听一首自己喜欢的歌，都是很好的奖赏方式；读完一整本书，可以给自己一个稍大的奖励：约朋友一起吃一顿饭，看一部电影，或是买件自己喜欢的小物。一定要有某种形式的奖励，你才更容易将习惯保持下去。我之前有段时间每天会乘电车上班，在车上的十几分钟会用来读书。电车到达车站后我会停止阅读，然后一边听几首喜欢的歌，一边步行到公司。音乐就是我阅读的奖励，坚持阅读后奖励的音乐，听起来也会更加愉悦。

3.2 纸和笔：人人都有，但不一定人人会用的阅读工具

3.2.1 最基本的阅读辅助工具

纸和笔，可能是读书时最常见，也是最传统的记录与输出工具。每个人从开始上学时就使用这样的工具。

根据美国普林斯顿大学和加利福尼亚大学两位专家的研究，使用手写记录笔记的学生，相比在电脑上打字记笔记的学生，学习与阅读的效果更好。手写这种方式，更有利于大脑的神经元，建立关于所学知识或信息的连接。另外，手写的笔记本身，也是一份可以加强一个人对于信息认知的“外部大脑”。

从认知心理学的角度来看，一个人在学习时，适当增加一些获取信息或是存储信息的难度，会有更好的效果。手写笔记要比打字

的笔记学习效果更好；而自己打字写的笔记，又要比只是勾画摘记的方式效果更好。认知心理学家罗伯特·艾伦·比约克将这种现象称为可取难度理论：存入记忆时越吃力，大脑提取记忆会越容易。

作家纳博科夫在回忆自己的学习习惯时说起，他在阅读或是学习时，一般不会在当时就写笔记，而是事隔几个小时后，再去写笔记。他的这一习惯，就是对于可取难度理论的实际应用。

你不一定非得使用高档的文具，才能进行高效的读书笔记，但在阅读时，有意识地准备适合自己的纸笔工具，的确可以有效提升阅读与笔记的效率。对于纸张来说，我们可以使用固定的笔记本作为自己的笔记记录载体，也可以使用单页形式的纸张，例如卡片和便利贴进行记录。对于笔来说，除了常用的写字笔之外，我们还可以使用荧光笔进行阅读时的标注与读完后的笔记。推荐的组合是一只深色的写字笔，加上两只不同颜色的荧光笔。

3.2.2 如何借助符号进行阅读标注

任何非娱乐式的阅读，都有四个基本步骤：阅读、标注、记录与汇总。如果是阅读纸质书，在书上标注重要的内容，记录自己的想法，是非常重要的环节。

很多爱惜书的人，不太喜欢在书页上写字或是标记。但对于阅读黑客来说，这是一个需要克服的心态。纸质书本身的形式只是其知识的载体，是承载知识的容器，真正有价值的是其承载的知识。我们将书的知识转化为自己的知识，是更重要的环节。只要能帮助我们达成这种知识的转化，哪怕对书籍的物理形式有一些损坏，都没有太大的关系（当然，这是对自己的书而言）。就像本书开头时举过的例子：如果藏书数万册而不阅读，也只是无用的装饰墙而已。

使用笔在阅读时进行标注与记录，是一种最常见，也是最有效的纸质书高效阅读方式。在阅读时，标注自己觉得重要的部分，记录自己的想法和思考，或是写下接下来的行动或计划。这些标记，就像是探险时先遣队员留下的路标。在阅读完全书后，查看自己的标记，进行归纳总结，就可以整理出这本书的笔记。完成这两个步骤，你就基本实现了将一本书的知识整理为自己的知识。

使用笔在阅读标注与笔记时，最好先根据自己的习惯，制定出一套标注符号。这样可以在后期整理标注时，很大程度地提升速度，比如可以使用星号来代表重点，用“ex”来代表案例（example）等。下面是我常用的一些标注符号：

- ■——重点
- ex ——案例
- →——要做的行动（例如去查询作者提到的某个概念）
- Q ——值得直接引用的内容
- ？——有疑问或是不同意作者的观点

使用符号标记了相应内容后，我会在页边空白处写下简短的说明。这样在后期整理时，我就知道当时阅读的思考与想法了。说明的文字不用很复杂，可以只是一两个词，只要自己看得懂就行。

也可以使用荧光笔来进行高亮标注，具体请参看“荧光笔”的部分。

借阅的纸质书，我们不能直接在书上进行涂写。这时可以使用便利贴或是卡片来进行标注，具体请参看“便利贴”的部分。

3.3 荧光笔：标注阅读内容的好帮手

3.3.1 关于荧光笔

如今使用任何一个文档编辑软件，都可以找到一个“高亮”的功能，可以将选中的文字涂上一个明亮的底色（通常是明黄色），让它同其他文字相区别，可以让人很快地注意到。这项功能的创意来源于生活中的一种老牌文具：荧光笔。

荧光笔是记号笔中的一类，由于能呈现醒目的颜色但又不影响内容的阅读，因此不少人都喜欢使用荧光笔标注书籍、文件或课本上的重点。它的墨水为半透明颜色，标注后，被标注的文字会明显与其他文字相区别。荧光笔最常见的颜色是黄色，也有橙色、蓝色、绿色、紫色等其他颜色。

因为荧光笔的颜色较淡，复印后不容易被看到。在数字时代，这也是一项优势：使用荧光笔标注过的书页，当使用 OCR 软件扫描识别文字时，和未标注的页面一样容易识别。

出于便于涂抹标注文字的设计考虑，大多数荧光笔的笔头都会设计成扁头。有的品牌设计出了可以切换笔头的荧光笔，比如三头荧光笔。虽然大多数荧光笔的墨水都像钢笔一样不可修改，但也有的品牌开发出了可以擦除的荧光笔，比如浅色可擦除荧光笔。另外为了增加用户体验，也有的荧光笔在笔头处应用了空心设计，便于用户在标注时透过笔头看清下面的文字。

3.3.2 使用荧光笔的误区

使用荧光笔，似乎是一件不用过脑的事，不就是在书上涂抹标注重点吗？其实没那么简单。一般人在使用荧光笔时，有一些常见的错误，如果不注意，不但不会获得预期的阅读效果，反而会干扰正常的阅读。

错误一：过度标注

这可能是使用荧光笔最常见的错误，特别是学生，比较容易犯这个错误。阅读时，在书上标注可以留下阅读的具体痕迹，容易让人产生一种“我读过了，我完成了”的错觉；有时还未真正读懂甚至是读完内容，就匆忙在书上涂上各种颜色；最后整本书涂满了颜色，却并没有收获有效的知识。

在标注时，应该遵循“少就是多”的原则。通常一页书上的知识密度再密集，也只有20%的内容算是真正的核心或是重点，有80%左右的内容是对重点的延伸，包括案例、说明或是注释等等。标注时运用“二八法则”，可以确保自己标注的内容不会多到影响自己以后的阅读和回顾。

错误二：通过标注来代替自己的批注笔记

一些人会认为，使用荧光笔将书里精华的部分高亮出来，就已经完成阅读的笔记了，何必还要自己写笔记呢？自己写得再好再准确，也没有书里原文写得准确到位啊。但自己的批注总结，恰恰是阅读最关键的部分，是真正将书中知识转化为自己知识的重要步骤。相比自己写批注和笔记这种主动的记录，使用荧光笔标注文本更像是一种被动的阅读辅助手段。这种方式对于信息的存储和记忆效果要差很多。

错误三：只使用一种颜色

使用荧光笔标注某些内容时，通常我们是出于不同的原因：有时标注关键的概念或是要点；有时读到一个案例，觉得可以在工作和学习中引用，于是将其标注；有时不同意某些观点，或是对于一些内容有疑问，想要在之后的学习过程中引一步求证。如果你出于不同的原因标注不同的内容，但总是使用同一种颜色的荧光笔，就很容易引起混淆，之后阅读时，很容易忘记最初标注的原因。另外，如果荧光笔选择过多的颜色，也很容易让自己的标注系统失控。

总的来说，使用荧光笔标注阅读的内容，仍然属于相对被动的阅读方式。而阅读时保持思维的主动，是高效阅读的关键。因此，设计一套适合自己的荧光笔使用系统就很重要。

3.3.3 如何使用荧光笔辅助阅读

了解了荧光笔使用常见误区之后，我们就可以根据自己的阅读目的,有意识地使用荧光笔来提升阅读效果。下面是一些推荐的技巧。

1. 先读完，再标注

阅读时，先把一个小节或是一段文章读完，再进行标注。作者在写一段文章时，其重点可能在开头，也可能放在结尾。或者你发现段落中间的内容对自己比较有用。读完一段文章后再标注，可以有效避免过度标注和重复标注的问题。

2. 限制标注的数量

使用荧光笔标注时，如果能对自己有意识地设置限制，比如每段文字只能标注一处，那么不但会让标注的信息更加精练，也可以锻炼自己“抓重点”的能力。我们之前讲过“二八法则”：一本书

20% 的内容是其真正精华的核心知识，而其他的 80% 则是辅助说明和强调其核心的部分。在标注内容时，二八法则也基本适用：标注的内容不要超过总内容的 20%。

3. 只标注词或短语，而不是整句话

在标注时，很多人习惯把一整句话都标注出来，这是典型的被动式标注。较好的做法，是只标注一句话中信息含量最高的，也就是你觉得最重要的词或是短语，而不是一整句话。这样进行标注，可以让标注的信息更加精炼，同时也在锻炼你的主动阅读能力。之后在回顾标注时，你看到一个标注的词，明白是出于什么原因标注的，能够用自己的话说明标注的原因，就说明理解了这个信息。如果你看到标注的词，不明白是因为什么而标注的，就可以再把相关的内容阅读一下，来掌握这个信息。

4. 建立自己的色彩系统

荧光笔的一大特色是其鲜明的颜色，可以选择不同颜色的荧光笔，来标注不同类型的信息。例如，可以用黄色荧光笔标注重要和关键的概念与数据，用蓝色标注出要深入了解的内容，用紫色标注可以用到的案例，用橙色标注出有情感共鸣的内容，用红色标注出有疑问或是不赞同的内容，等等。色彩不宜设置过多，以我个人的经验，3 种以内的颜色系统，是最有效的。另外设定好自己的色彩系

统后，就不要轻易改变。

5. 先标注，再写摘要

主动阅读与被动阅读的最大区别，就是前者能用自己的语言总结出阅读的内容。将标注和摘要结合，可以让自己的阅读变得更加主动。阅读时先将内容标注，然后在旁边空白的部分写上自己的摘要笔记，这样可以让标注的作用最大化地发挥。

如果把阅读的过程比喻为与作者面对面的对话，那么标注就相当于作者讲话时，你听到相应内容时的肢体语言反馈。作者讲得让你共鸣，你会点头认可；作者讲到你感兴趣的内容，你可能会不由自主地抖腿；如果作者讲到你不同意或是有疑问的内容，你可能会微微地摇头。使用荧光笔标注的作用就是把这些自己的反馈用明显的形式呈现出来。但就像正常的对话一样，除了使用肢体进行反馈之外，你也会用语言进行反馈，回应几句话，或是分享自己的感受与故事，一来一往，对话才能继续下去。写摘要，就像是作者发言之后，你做出的回应。

3.3.4 我的三只笔标注系统

我在阅读的过程中，尝试过不同的标注形式，也曾经把系统弄得非常复杂，弄得自己都无法坚持下去。目前我在阅读纸质书时，一共使用三只笔进行笔记和标注：一只黄色荧光笔，一只蓝色荧光笔，再加一只普通的黑色签字笔。

当我读到一些有意思的内容，或是觉得重要的信息时，会使用黄色荧光笔标注。当读到一些信息让我觉得应该采取一些行动，或是觉得应该进一步思考，又或者是让我觉得有些困惑的，我会用蓝色荧光笔标注。最后，我会用黑色笔在旁边写下摘要、问题、思考、想法或是要进行的行动。

在阅读英文书籍时，我一般直接用蓝色标注自己不认识的生词，其他的标注都使用另一种颜色。这样在读完书后，我可以快速地检查自己不认识的单词。

3.4 便利贴：像玩乐高积木一样阅读

便利贴是我们工作中最为常见的纸质工具之一，每年 3M 集团都会生产 500 亿张这种可以到处贴的黄色贴纸。活用便利贴，可以大幅提升我们的阅读效率！

3.4.1 便利贴的故事

1968 年，美国 3M 公司的工程师 Spencer Silver 在研发强力胶的过程中，偶然发现了一个副产品：弱力胶。这种胶的黏性很弱，但可以重复使用。到了 1974 年，3M 公司的另一位工程师 Art Fry，将这种胶与纸片结合起来，创造出了便利贴的最初原型。如今便利贴标志性的明黄色，也是出于偶然：当时便利贴研发团队旁边的试验室，只有黄色的卷纸可以用来做样品。1977 年，3M 公司发布了名为“Press ‘n Peel”的便利贴初代产品，1979 年其改进版更名为世人现在熟知的“便利贴”商标，并成为席卷全世界办公领域的产品。

现代的艺术家也发现了这种黄色贴纸的艺术表达潜力，并借助便利贴创作了很多艺术作品。在电子设备越来越普及的时代，便利贴这种低技术含量的传统办公工具，不但没有退出历史舞台，反而拓展出了越来越多的可能性。

3.4.2 使用便利贴的好处

便利贴是一种看似非常普通，但却具备各种使用可能性的工具，就像厨房里的菜刀一样，不同的使用者、不同的用途与场景，都可以派上用场。便利贴的设计，让它天生就适合用于标记重要的信息：它很容易与标准化的文件、书籍格式区分开来。人的大脑因为进化与生存的原因，对于与环境能区别的信息，会特别敏感。

根据美国萨姆休斯顿州立大学的学者的研究（发表于《哈佛商业评论》），便利贴在“劝服他人做某事”方面，有着明显优于其他方式的优势。这可能是因为在便利贴上手写内容时，会很自然地留下个人化的印迹。比起电子化的文档，人类的大脑更容易接收与处理手写的信息。

1. 更好地与书中内容互动

使用便利贴辅助阅读时，也可以带来很多直观的好处。可以更好地与书中内容互动大概是最重要，也是最明显的一个好处了。书中的内容必须经过阅读时大脑的思考与处理，转化为我们所理解并能记忆的信息，才算是读懂了。使用便利贴写下阅读时的感受、引申内容或是接下来要做的相关事项，就是一种非常好的互动。这种主动书写的步骤，可以帮助我们更好地获取书中的信息。

2. 即时易用性带来的无修改障碍

便利贴简单易用的特性，让我们在阅读时可以更加随意地增加、删减或是修改自己的笔记，不会有心理上的障碍。举个例子，当设计师向客户讲解房屋的装修时，往往在铅笔绘制的草图阶段，最容易激发客户的想法。因为这时一切都没有定型，客户在看到草图时，会配合自己的想象力，补充相应的细节。而且如果要针对设计提出意见，客户也不会有太大的心理负担。但如果是看到一幅电脑渲染的实景效果图，客户的注意力很容易被具体的细节所吸引，从而不太容易对全局的设计提出意见。并且，客户哪怕对设计有疑问，因为设计的渲染图已经呈现出最终的效果，受时间、精力、成本甚至只是心理上的限制，也很难对定型的设计稿进行大幅度的修改。同样，读者对于写在便利贴上的内容，编辑和修改不会有太大的压力。但如果是已经将阅读的心得整理为一篇图文并茂的书评，编辑或修改这样的内容，肯定会有一定的惰性。

3. 不会破坏书页

有的朋友对纸质书非常爱惜，不但舍不得在书上写写画画，甚至都不喜欢将书页折起来。还有的时候我们是借别人的书或是图书馆的书阅读，不允许在书上涂画或是写字，这时就可以使用便利贴进行记录，不会损伤书页。阅读完将所有的便利贴笔记撕下，书依然是崭新的，但你已经收获了更有价值的笔记。同样，阅读电子书或是有声书时，也可以使用便利贴快速地捕捉想法与心得。

4. 便于输出

阅读时记录心得与笔记的便利贴，在阅读之后可以很容易组合排布，整理出全书的知识架构与关系，甚至可以快速生成自制的思维导图。我们读完全书后，可以通过查看便利贴上的内容，来检验自己是否真正读懂了书中涉及的知识。如果需要使用书中的内容，比如讲课、培训、演讲或是写作，也可以用自己之前记录的便利贴整理思路，或是进行具体的分享。

5. 模块化

因为便利贴的形式，我们无法在一张便利贴上写太多的内容，往往只在一张便利贴上写一个与主题相关的内容，这也让便利贴具备了模块化的特点。我们可以随意地移动、排列与调整便利贴的位置、排序，就像玩积木一样。这种模块化的特性也使得便利贴非常合适用来记录和整理阅读时的笔记与感受。

3.4.3 阅读时如何使用便利贴

阅读时，我们如何使用便利贴帮助提升阅读效率呢？有以下几种基本的方式：标记页面位置、（使用色彩）分类和批注。

1. 标记页面位置

阅读纸质书时，很多人都会有将书页折起来的习惯。有时用折页来标记自己阅读的位置，有时会将某些自己觉得重要的内容用笔勾画出来，然后再用折起书页的方式来标记。便利贴完全可以取代这种方式，而且不会损伤书页。

如果只是标记页面位置的需求，标准的方形便利贴就完全可以满足。你将便利贴直接贴在想要标记的页面，让它在书的侧面稍微露出一部分，就可以达到标记页面的目的了。如果想要标记具体的文字位置，也可以将便利贴贴到相应的位置，或是直接在上面画一个箭头，指向标记文字的位置即可。

有的人可能会觉得标准便利贴的尺寸有些略大，夹在书里不太美观。文具用品店也可以购买到横版小号，专门用于标签目的的便利贴，可以满足这样的需求。甚至有的便利帖已经剪裁成箭头的形状，更利于标注。

如今的便利贴，除了黄色的“默认”选择之外，还有很多不同的颜色可供选择。这也让我们可以借助便利贴的颜色特性，将标记进行分类。

2.（使用色彩）分类

在纸质书上进行笔记时，如果能借助符号将笔记分类，会更有效地帮助我们理解与运用书中的知识和内容。比如可以使用一个“Q”的符号来代表“引用”（Quote），或是使用一个“A”的符号代表“应用”（Apply），从而让未来的我们可以知道所标注的内容是什么样的信息。

同样，我们可以使用不同颜色的便利贴，来代表不同类型的内容。这种直观的方式，可以让大脑更容易理解所标注的信息。比如我们可以使用绿色便利贴代表可以引用的数据或是案例，用黄色便利贴注明相关的其他书或是材料，用蓝色便利贴标记有疑问或是没搞明白的观点，用红色便利贴指示自己需要行动或是落实的事情。这样在阅读完书后，只需要看侧面的便利贴标签的颜色，就大概知道相应的笔记内容了。

我们可以根据自己的需要和实际情况，创造不同的颜色标记方式。如果你还没有形成自己比较固定的阅读习惯，还没想好一套持续的颜色方案，也没有关系，可以将每本书使用不同的颜色方案来标记，只需要在书的第一页贴一张便利贴，写上不同颜色所代表的含义即可。

3. 批注

使用便利贴进行标记和分类，只是借助了它的基本形式。真正能让便利贴的作用最大化的方式，是我们在上面写的文字和笔记，也就是使用便利贴进行批注。

每个人的阅读习惯不同，批注的形式也不同，但使用便利贴批注时，有一些共通的方式可以遵循。

首先是简洁。一张便利贴仅有几寸的空间，不适合长篇大论地书写内容。相反，如果只写一两个关键词或是短语短句，更有助于我们思考和理解相关的内容。我的习惯是使用较粗的马克笔在便利贴上写批注，这样迫使我无法写太多内容，却可以将主要的信息用最醒目的方式呈现。

其次是单一主题。尽量在一张便利贴上只写一个主题，这样会让后面的整理步骤容易很多。

最后是灵活有趣。每一张便利贴都是一块空白的空间，如果你想到了某些有趣的观点，甚至是有一些视觉化的概念，那么便利贴是最合适承载这些创意的载体。比如在阅读到书中和数字有关的段落时，可以把不同的数字写成不同的尺寸，甚至是画上小小的图标。这样形象化的方式，会让你更容易理解和记住书中的相应内容。

3.4.4 使用便利贴辅助阅读的小技巧

除了上面提到的三种主要方式之外，我们还可以应用下面的一些小技巧，让读书便利贴发挥更大的作用。

1. 写上页码

这是一个对阅读纸质书和电子书都通用的技巧。你可以在便利贴的角落写上相应内容的页码。这个习惯对之后的输出会非常有帮助，特别是在阅读的书并不属于自己的情况下。比如你从图书馆借了一本书，在阅读的过程中使用便利贴记下了一些笔记，后期如果需要查证原始出处时，便利贴上的页码就非常有用了。

2. 写上时间

与页码相似，在便利贴的角落写上批注的时间，也是一个可以在日后帮助你整理回顾思路和输出的好习惯，特别是对一些我们觉得只读一遍不够，会重复阅读的书。你可能会在每一遍阅读时，对书中的内容有不同角度的认知。给便利贴的笔记盖上一个时间戳，可以让自己日后清楚地看到每次阅读产生感悟的时间。

3. 汇总并拍照

便利贴“手动输入”的方式，有助于一个人使用大脑更习惯的方式整理想法和观点。但实体纸质的便利贴，可能并不方便保存与查看，特别是当便利贴笔记与纸质的书分离的时候。当阅读完一本书，可以将所有已经整理的便利贴笔记放到一起（一张大的餐桌就很适合），用自己觉得直观清晰的排列方式进行组织，然后拍照存档，保存到电脑和手机中。这样哪怕是便利贴丢失了，拍照保存的电子文档还在，还是可以留住重要的信息。

4. 使用便利贴进行学习

结合上面的技巧，我们可以通过便利贴来帮助我们更好地学习。

完成阅读后，你可以把阅读时写下的便利贴拿出来，看着上面的关键词，试着用自己的语言去说明和解释。比如你阅读完一本关于经济学的书，并对于“沉没成本”这个概念觉得很有意思。你用一张便利贴标注了这个概念，并提醒自己去观察一下自己生活中“沉没成本”的例子。当读完书后一段时间，你打算回顾一下这本书的内容。这时，你拿起这张便利贴，看到“沉没成本”，可以尝试用自己的语言去解释这个概念。如果能够解释，就说明你已经搞懂了这个概念。如果不能，那么你可以通过便利贴上的页码，查看书中的相应内容，把这个概念读懂。

通过灵活地使用便利贴，我们可以成为主动型学习者，而不只是被动地接收信息。

3.5 卡片：将书籍浓缩成一个个模块

3.5.1 什么是卡片

在我刚上大学，去图书馆借书时，第一个步骤不是去咨询台问图书管理员借书，而是得先去一个大柜子里翻卡片。当时的图书馆并没有可以随时查询书目的电脑，要想查询要借的书，先要去翻查索引卡片目录。图书馆有一个大柜子，上面有着密密麻麻的小抽屉。每一个小抽屉上面都贴着标签，抽屉里都装着几十或是几百张整齐划一的卡片。每一张卡片上，都写着一本书的书名，作者，简介等信息。当你翻查到了具体某本书的卡片时，把卡片拿给图书馆管理员，管理员就会把需要的书取出来交给你。如果你认真看一下的话，会发现图书馆的书，在书脊上都会贴一个编号，这个编号与卡片上的编号一致。当时的图书馆，都使用“杜威十进制分类法”，配合卡片来管理书籍。这是电脑与网络尚未普及运用的美好（但很麻烦的）年代。

索引卡，就是这种卡片的标准名称。它也被称为记录卡或是系统卡，通常都是由较厚实的纸张制成，裁切成大约两张名片的大小（12.7 厘米宽，7.6 厘米高），用于记录和存储信息。在文具用品店可以买到标准索引卡，上面已经划好分格，便于书写。

索引卡这种“很原始”的工具，其实非常适合用于辅助阅读。在认知科学中，为了方便记忆，人类把一些需要记忆的东西加以分类或加工使之成为一个小的整体，就称之为组块。索引卡的形式，就是一个天然的组块。它可以承载一本书的主旨和简介（就像电脑运用之前图书馆里的卡片那样），也可以记录具体某个章节或是主题的主要内容。

一本书通常都会有一个或是数个主旨，再围绕该主题进行引申与拓展。从自己的角度提炼书的精华，是阅读时最难，但也是最有价值的步骤。使用卡片，你必须认真思考，哪些内容才是值得写到有限空间的卡片上的。

在卡片上用笔书写，自然要比在电脑或手机上打字更麻烦一些。用科学的术语来说，就是这个记录信息的存储过程要更麻烦一些，但这样的方式，却对知识的记忆与学习有更好的效果。根据认知科学家罗伯特·比约克的研究，记忆的存储与提取是负相关的，也就是说，存入记忆越容易，提取会越困难。而如果存入信息的过程有些吃力，那么知识提取也会更容易，换句话说，就是“费劲获得的知识，更能记得住”。

3.5.2 如何用卡片辅助阅读

1. 用一张卡片记录全书概要

阅读完一本书，你可以借助卡片，将整本书的内容精华，用自己的语言，整理浓缩在一张卡片上。这也是前电脑时代图书馆里使用卡片的主要形式。如果面对一张空白的卡片不知道从何开始，可以先从回答一些关于这本书的问题写起。YouTube 学习类视频播主 Ali Abdaal 在他的视频“我如何记住所有读过的东西”里，分享了他的读书模板，包括“3 句话描述这本书”“印象”“谁应该读这本书”“这本书如何改变了我”“我最喜欢的 3 个摘录”“要点与笔记”。通过回答这几个问题，就可以用自己的语言将一本书的内容转化为自己的知识。在创建读书笔记卡片时，我们也可以给自己列出不同的问题，然后用自己的语言来回答。比如 Ali 的“3 句话描述这本书”，就很适合列在卡片上。我们可以用 3 句完整的话来描述，也可以列出关于这本书的关键词。同样，“我最喜欢的 3 个摘录”也是很适合列在卡片上的模块。

2. 使用卡片整理书中的知识主题

当我们进行某个领域的深入阅读时，可能会在不同的书里读到相关的知识或是技巧。这时，你可以根据需要，使用卡片来针对某一个知识主题进行卡片制作。例如你在学习某一门外语，其中关于语法的内容个人觉得非常重要，就可以使用一张卡片总结和整理这本书里讲到的语法知识。当阅读其他书讲到类似内容时，你就可以将不同书里的知识内容进行横向比较。

3. 案例记录

你在阅读到书里的某个案例，觉得自己会在工作或是学习中引用，就可以使用一张卡片将这个案例记录下来。这时的卡片，应该包含这个案例相对完整的信息，今后在不借助原书的情况下，一样也可以独立使用。比如阅读一本关于健康饮食和生活习惯的书，可以将书里适合自己操作的健康食谱抄写制作成一张卡片。这样在自己备餐时，就可以直接借助卡片来操作了。外语的对话场景，也是很常见的一种案例。

4. 操作步骤记录

一些教程类的书籍，都会有示范的案例及详细操作步骤。我们也可以将某项工作的操作步骤通过卡片的形式记录下来。这样在碰到同样的场景或问题时，可以快速借助卡片来操作。软件使用操作类的书籍，就很适合用这样的方式来整理卡片。

3.5.3 卡片更适合于“元书籍”

使用卡片手写整理信息，是一种看起来很慢很低效，但实际对于知识的应用与学习效率极高的方式。借助书写这种复杂及烦琐的操作，可以加深大脑对于信息的认知与记忆。但使用卡片也有它的缺点：制作起来较费时间，实体的卡片形式可能容易丢失，不易于修改和编辑。所以并不是所有的书都值得花时间来制作卡片。比如进行娱乐式阅读时，就不需要制作卡片。卡片式读书笔记，更适合一些内容较为专业，与自己的职业与学习领域强相关，且在工作和学习中会反复使用到的书籍。这种方式更适合一些“元书籍”，也就是各个领域讨论最基本原理与知识的书籍。

实体的卡片适合反复查看与复习，可以随身携带，在不同的场景下使用。但我觉得更有价值的，是制作卡片时的思考过程。阅读完一本书，通过自己的判断，决定什么内容值得放到一张小小的卡片上，并用自己的语言将这些内容表达出来。这个过程可以极大地提升我们对书中内容与知识架构的理解。同时，卡片本身的实体形式也会让人有种更具体的阅读收获。如果你习惯使用实体的本子来整理记录自己的读书笔记，那么可以尝试使用一下卡片，也许使用一两次之后，就离不开它了。

3.6 使用敏捷原则指导的黑客式阅读

3.6.1 敏捷开发与 Scrum

从事 IT 或是互联网行业的朋友，可能对于“敏捷开发”（Agile）的概念并不陌生。这是一种以用户的需求进化为核心，采用迭代、循序渐进的方法进行软件开发的理念。在敏捷开发中，软件项目在构建初期被切分成多个子项目，各个子项目的成果都经过测试，具备可视、可集成和可运行使用的特征。

敏捷开发是一个原则的集合体，在实际项目中，会使用不同的具体方法框架，比如 Scrum。Scrum 最初应用于软件开发，现在已经被用应用于很多其他领域，包括运营、销售、研发和客服等领域。一个 Scrum 团队一般不超过十名成员，以名为 Sprint 的周期（通常为两星期）迭代方式进行工作。在这个 Sprint 周期里，整个团队都专注在一个共同的目标，每天用 15 分钟的站立例会沟通各自的进度。在 Sprint 结束时，团队会一起回顾结果，并调整之后的计划，以持续改善。

如果对于敏捷开发的原则和方法感兴趣，可以阅读 Scrum 的发明者杰夫·萨瑟兰所著的《敏捷革命：提升个人创造力与企业效率的全新协作模式》。

3.6.2 敏捷开发与阅读的相似之处

你可能要问了：敏捷开发是计算机软件开发的技巧，和读书有啥关系啊？有关系，而且两者之间有很多共同点！

1. 都需要管理不可见的时间与注意力

软件开发的主要资源不是可见的电脑、服务器、办公桌椅或是厂房车间，而是人，更具体一点，就是工作人员的时间和注意力。阅读书籍时，你可以管理的资源，也正是自己的时间和注意力。

2. 初期的详细计划并不适用

软件开发在项目开始时，因为对信息不了解，很难做出非常详细具体的计划，或者说即使制订了详细的计划，之后也有很大概率偏移。因为项目初期时团队对开发难度、需求等环节并没有完全清楚。学习型阅读在开始时，因为对学习的领域不熟悉，对自己的阅读效率不了解，也很难做出详细可行的阅读计划。

3. 都能通过回顾改进越来越有效率

软件开发在项目初期时因为信息与团队配合的原因，工作效率会相对慢一些，后期通过每个 Sprint 总结回顾改进，效率会越来越快。学习型阅读在开始时，因为学习领域和阅读方法的原因，阅读效率也会相对慢一些，后期通过每本书阅读完成后的总结回顾改进，阅读效率也会越来越快。

两者之间还有很多相似之处，就不一一列举了。下面我们来看，如何将敏捷开发的原则应用到阅读中。

3.6.3 如何将敏捷开发的原则应用于阅读中

1. 设定短阅读周期，每个周期有一个具体的阅读目标

以相对较短的时间，比如 2 周或是 1 周，作为一个阅读周期。在这个周期里，锁定阅读的目标，然后专注阅读，实现这个目标。比如你的阅读周期目标为“阅读完《人类简史》并整理出自己的读书笔记”。在制订阅读周期计划时，初步估计这个目标的难度，根据预估的难度，给它打上一个评分，评分越高，难度越大（可以使用菲多那切数列，也就是 1、2、3、5、8、13、21 这样的数字，更有效地预估所需要的精力与时间投入）。

以“读完《人类简史》并写读书笔记”这个目标为例，你听很多人谈过这本书，大概了解它讲述的领域。你打算逐页读完，然后将阅读笔记和心得整理出来以后使用。这本书有 440 页，以你以往的经验，一本 400 多页的书，大概要断断续续花一个月才能读完。仔细考虑后，你觉得自己可以努力在两星期内读完这本书，但不一定能完成整理读书笔记的任务。所以你将 Sprint 目标定为“读完《人类简史》”，并给它一个 13 分的预估。同时，你也预估自己大约要花阅读时间的三分之一整理自己的摘录、心得作为读书笔记，所以也给“整理《人类简史》的读书笔记”打了一个 5 分的预估。这样，你就有了一个阅读周期里的两个任务：

- 读完《人类简史》——13 分
- 整理《人类简史》的读书笔记——5 分

2. 每天花 5 分钟回顾与计划自己的阅读

敏捷开发的团队每天都有一个站立会议，所有人都回答三个问题：我昨天做了什么，今天打算做什么，有没有什么阻碍我的工作。通过这个耗时很短的沟通，大家可以有效地交换信息，知道各自的工作进度。如果工作受阻，也可以寻求同伴的帮助。同时每个人也可以有一个大致的当天工作计划。我们在进行阅读时，每天花几分钟回顾一下：我昨天的阅读进度如何，今天打算阅读到哪里，有没有什么会阻碍我完成阅读的目标。

比如，你的回顾可能是这样的：“我昨天阅读了 20 页《人类简史》，目前一共读完了 120 页。今天晚上要和同事聚餐，可能晚上没有阅读的时间。我打算在中午午餐时读 10 页，然后明天找时间把阅读的进度补上。”

3. 对每个阅读周期进行回顾与反思

在敏捷团队进行工作时，会对每个 Sprint 工作周期进行回顾，总结出什么地方做得不错，可以继续或是加强，什么地方不太好，之后要改进，下一次可以有什么具体可以做的改善事项；同时也会在下一个 Sprint 周期开始前，提前规划下一个周期需要做的事情。这样团队在下一个 Sprint 周期开始时，就可以马上开始工作。

把这样的方式借鉴到阅读的过程中，我们可以在每个阅读周期的最后（比如这个周期的最后一天），对这个周期的阅读执行情况进行反思、总结，并提出改进事项。例如，总结时你发现，这个周期的其中几天，你是在早上开始工作前进行阅读，效果就明显很好。而另外一些晚上的阅读计划，因为精力不够，且其他干扰因素较多，很难完整执行。所以你打算下一个阅读周期，有意识地计划早上起床后到上班前的时间用于阅读。

4. 创建待读书目 Backlog 和计划下一个阅读

在敏捷开发的流程下，所有还没有进行的工作，都会被存放到一个叫作 Backlog 的待办列表里。在 Backlog 里存放的事项，可以是下个星期就要开动的紧急事项，也可以是很早就已经打算做，但还一直没有具体执行时间表的事项。同样，事项的大小、难易程度也各有不同。当计划下一个 Sprint 周期准备做的工作时，整个团队会一起商议，从 Backlog 里选出要完成的工作，放到 Sprint 周期的计划里。所有放到了 Sprint 计划的工作，都是经过团队讨论后，确定了大致的工作量（通常用数字评分来表示），明确了完成的衡量标准的。之后，这些工作可以分配给具体的团队成员进行。

在阅读时，你可以将待读的所有书目全部放到一个阅读待读清单中，每次在计划下一个阅读周期时，选出自己打算阅读的书，明确阅读的完成标准（只是读完相关的章节，或是读完整本书，还是需要写一篇书评输出），再大致估算一下完成这个目标的难度。这样，每次一个新的周期开始时，你就已经知道自己要读的书是什么了，只需要去执行，也就是去阅读就好。

读到这里，你可能已经发现，“敏捷式阅读”和之前章节里介绍过的很多方法都很像，包括创建待读书单与聚焦书单，将每天的阅读形成计划，最终变成习惯。因为阅读学习与开发软件产品都充满不确定性，都需要管理看不见的时间与精力。所以这两者之间的相似性，也让我们在阅读过程中，可以使用敏捷开发的理念与方法，获得更好的效果。

3.7 黑客式阅读的完整读书步骤

在这一节，我将分享黑客式阅读的五步读书步骤。这套读书步骤，可以使读者提高阅读速度的同时，也最大限度地获取每本书的精华。这五个步骤分别是：概要、预读、判断、阅读、输出。

3.7.1 第一步：概要

概要，就是该书的概括性介绍，通常会在几百字左右。任何看到名字，觉得可能值得阅读的书，你都应该先找到这段概要，读完它，了解这本书大概讲述什么内容，再判断是否要预读。阅读概要可以算作是预读前的预读。

通常阅读概要，不需要购买或是拥有这本书。举个例子，我听说

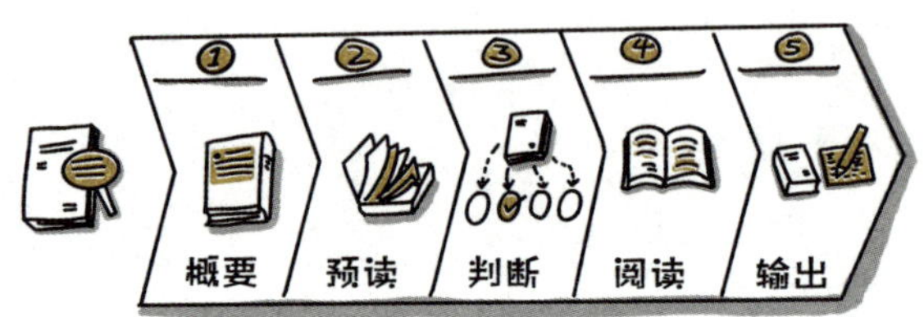

《人类简史》和《未来简史》的作者尤瓦尔·赫拉利推出了新作《今日简史》，因为阅读过他的前两本著作，觉得《今日简史》可能我会感兴趣，于是将它添加到待读书单。但是否要读这本书呢？我得先找到这本书的基本介绍，了解它的内容，再做打算。

于是我打开豆瓣，找到《今日简史》的简介，也就是它的概要，是这么说的：

尤瓦尔·赫拉利认为，智人之所以能够崛起成为地球的主宰者，主要原因在于其具备了虚构故事的能力。然而，在当前这样一个分化的世界，我们对旧故事已失去信心，对新故事亦远未达成共识。

《今日简史》提出，当前人类社会面临着科技颠覆、生态崩溃和核战争三大挑战。"国家"这一身份认同已不足以应对今天的挑战，任何一个国家都无法独立解决全球性问题。人工智能和生物技术正在颠覆原有的社会结构和分配方式，数据成为最重要的资源。

当数据巨头比我们更了解自己，当"在线"成为一种生存方式，如何规范数据的所有权？能否建立起一个维护人类自由和平等的全球社群？人工智能和生物技术已使人类掌握了重塑和重新设计生命的能力。我们该如何运用这种能力，上演另一出全新大戏？

在一个信息爆炸却多半无用的世界，清晰的见解就成了一种力量。对于关乎人类命运的种种议题，尤瓦尔·赫拉利在《今日简史》中没有简单给出答案，而是引发了我们进一步思考。

读完这几段话，我发觉这是以一个历史学家的格局，来讨论当今世界存在问题的书，我挺感兴趣。于是我决定进入下一步：预读。

3.7.2 第二步：预读

预读的目的，是判断一本书是否值得读，以及应该如何读。通过预读，你应该搞清楚这几个问题：

1. 我读这本书的目的是什么？
2. 这本书主要是讲什么的？
3. 这本书的结构是什么样的？
4. 这本书中的哪些内容是应该阅读的？

带着这四个问题，对该书做一个简单的调查。如果是在书店或是图书馆看到这本书的实体书，可以快速查阅该书的简介、前言、目录、导语、结语，或是感兴趣的章节。整个预读过程不超过 10 分钟。更常见的调查方式，是在豆瓣或是 Goodreads 这样的图书资讯平台查阅。

做完预读，你会知道自己是否需要读这本书，如果不需要读，就扔开，既节约了几小时的时间，也大概知道了这本书讨论了什么内容。如果需要读，你这时已经明确了自己的阅读目的，知道了这本书的结构，同时知道哪些部分对你可能更有帮助，这些都让之后的阅读过程更加顺畅。

虚构类的文学作品或是小说，预读也可以大概了解作品的文字风格，初步判断阅读时的难度。比如读使用流行语写的网络文学，与读原著《水浒传》，都是虚构类作品，难度就完全不同。

我继续使用《今日简史》这个例子，来说明预读是如何进行的。在预读的步骤，我将问自己下面几个问题。

1. 阅读这本书的目的是什么?

我的回答是：学习尤瓦尔·赫拉利在《人类简史》里展现出来的截然不同的视角与见解，拓展自己对社会问题的格局与视野。

2. 这本书主要是讲什么的?

讲当今世界的全球性问题。

3. 这本书的结构是什么样的?

我在豆瓣上查到，这本书的目录是：

• 序

• 第一部分　科技颠覆

近几十年来，全球政治一直是由“自由主义”独霸，但就在生物技术与信息技术结合、形成人类历史上最大挑战的同时，人类也对自由主义失去了信心。

◦ 第 1 章　理想的幻灭：从旧故事到新故事

◦ 第 2 章　就业：等你长大，可能没有工作

◦ 第 3 章　自由：数据霸权与社会公平

◦ 第 4 章　平等：谁该拥有数据

• 第二部分　政治挑战

信息技术和生物技术的融合，会对自由和平等这两种现代核心价值观造成威胁。想要解决这项科技挑战，必然需要全球合作。然而，民族主义、宗教和文化让人类分裂为彼此敌对的阵营，于是全球合作难于登天。

◦ 第 5 章　社群：人类身体的价值

◦ 第 6 章　文明：世界的大同

◦ 第 7 章　民族主义：无法解决全球性问题

◦ 第 8 章　宗教：神祇只是为国家服务

◦ 第 9 章　文化认同：开放与宽容

• 第三部分　绝望与希望

虽然各式挑战前所未有、各方歧异激烈紧张，但只要我们控制恐惧的程度、虚心面对自己的想法，必能成功应对。

- 第 10 章　恐怖主义：切忌反应过度
- 第 11 章　战争：永远不要低估人类的愚蠢
- 第 12 章　谦逊：地球不是绕着你转
- 第 13 章　神：不要妄称神的名
- 第 14 章　世俗主义：面对你的不完美

• 第四部分　真相

全球所面临的重重困境如果让你觉得困惑而不知所措，那就对了。因为全球的发展已经变得相当复杂，任何个人都难以理解。这样一来，你要怎样才能得知关于这个世界的真相，避免成为媒体宣传和错误信息的受害者？

- 第 15 章　无知：你知道的比你想象的少
- 第 16 章　正义：人类的道德困境
- 第 17 章　后真相时代：谎言万世永存
- 第 18 章　未来不是科幻小说：无法逃离的母体

• 第五部分　生存下去

在这个困惑的年代，旧的故事崩塌，新的故事还无以为继，我们该怎么生存下去？

- 第 19 章　教育：改变是唯一不变的事
- 第 20 章　意义：人生不是虚构的故事
- 第 21 章　重新认识自己：人类心智的奥秘

4. 这本书中的哪些内容是应该阅读的?

根据对目录的查看，我觉得第一部分（科技颠覆）和第二部分（政治挑战）可能会用很多作者在前两部书已经详细阐述的观点（比如“智人虚构故事的能力”）来重新看待现实问题。因为我已经阅读过作者的前两本著作，那么这两部分可能读得快一些。第三部分（绝望与希望）涉及一些抽象的主义和世界观，应该也是前两个部分的延续。第四部分（真相）可能会是比较有分量的一个环节，应该重点阅读。第五部分（生存下去）应该是作者对目前问题解决方法的思考，也是我比较关注的话题。

简单说，我可能会略读前面作者对于问题的说明，而重点阅读后面作者对于问题的思考与解决。

预读部分，至少需要写下第一个问题的答案：我阅读这本书的目的是什么？一定要写下来。这个问题，可以让我们明确“为什么要读这本书”。这样就不会在阅读中迷失方向，或是因为内容读不懂而放弃。而其他的问题，你在脑海里过一遍就行，写下来也可以。

3.7.3 第三步：判断

黑客式阅读的第三个步骤，是做出判断：这本书是快读，还是慢读；是像吃自助餐一样直取所需（快读），还是像吃法式大餐一样慢慢品味（慢读）？

吃自助餐时，我们会大概扫视一下餐桌上可选的菜品，大致计划一下自己想吃的东西，然后才去取餐。不想吃的东西，我们不会去碰，喜欢吃的东西，我们可能会盛很多。快读就像吃自助餐一样，对于知识直取所需，获取后就跳到下一节。大多数非虚构类的畅销书、技能教程类书籍，或是结构很清晰，且知识内容扁平化的应用类书籍，都可以使用快读的方式阅读，不必读完整本书。

吃法式大餐时，厨师会依次盛上头盘、前菜、主菜，最后是甜点。食客会依次细细品味每一道菜，吃完上一道菜，撤下盘子，才开始吃下一道菜。慢读就像吃大餐一样，逐字逐句，从第一页阅读到最后一页。线性化结构的书籍，就合适用这种方式。另外，有的书知识结构衔接非常紧密，必须理解前一章的内容后才能理解下一章节，比如数学或是逻辑学领域的书，比较适合用慢读法阅读。

快读可以拓展我们知识的广度，了解和学习自己未知的领域，拓展自己的知识边界。慢读可以加深我们对于某一领域的深度认知，帮助自己成为该领域的专业人士。每个人可以用于书籍阅读的时间各不相同，但一定是有限的。所以合理地安排快和慢的阅读比例，就可以兼顾到知识的广度和深度。

以我个人的经验，下面的这几类书籍适合快读：

- 最新出版的书（10 年内）

- 畅销书
- 某领域的入门类书籍（标题带有“概述”“浅析”等描述的）
- 应用类书籍
- 随笔和文集类书籍
- 在预读时发现内容很容易理解的书

下面这几类书籍合适慢读：

- 出版时间已经超过 10 年但依然受欢迎的书
- 非畅销书
- 某领域的深入研究类书籍
- 在预读时发现内容不太容易理解的书
- 经常被其他作者引用的书籍

以摄影类书籍举例，如果你想提升自己的摄影水平，学习一些可以马上提升自己照片效果的技巧，也想多看看其他摄影师的作品，以提升自己欣赏水平，那么教程类的书籍《原来这么拍》（作者：张千里）、日本摄影师野町和嘉的作品集《摄影师的朝圣》（作者：野町和嘉）就属于可以使用自助餐阅读的书籍。你不用阅读全书，只需要选择最能帮助自己提升技术能力，或是自己最感兴趣的部分阅读就可以。但如果你想要对于摄影有一个全方位的深入理解，并且明白一些技巧和经验背后的原理，那么《美国纽约摄影学院摄影教材》就是值得慢读的书。

3.7.4 第四步：阅读

在对书做出判断之后，终于，我们可以开始阅读了。根据你的判断，选择适合的阅读方式（快读或是慢读），选择适合的介质（纸质书、电子书或是有声书），进行具体的阅读即可。在下一章，我们会具体分享阅读过程中，如何可以做到效率与效果兼顾。

3.7.5 第五步：输出

读完一本书，其实还并没有真正“读完一本书”。阅读是一种相对被动的知识接收过程，只有通过输出，比如整理成阅读后的文字或是讲述给他人，让知识流动起来，阅读的过程才算是真正结束。在第五章，我们会详细讲述如何进行阅读后的输出。目前你只需要知道，这是阅读的一个必需的步骤。

以上，就是黑客式阅读的五个步骤：概要、预读、判断、阅读、输出。

3.8 其他辅助阅读的工具与资源

在阅读过程中，除了书与我们的注意力之外，其他因素比如环境、工具和阅读的介质，也会影响我们的阅读效果。在这一节，我们将介绍一些有助于增进我们阅读体验的工具。因为各类工具的种类、品牌和特点差别很大，这里仅提供方向上的建议。如果感兴趣，你可以根据自己的实际需求去查找各类工具更详细的信息。

另外要提醒一句，我们在选择阅读的相关工具时，很容易被具体的工具影响，把注意力放到工具而不是阅读上。这就像成语“买椟还珠”故事里的人，看重盒子，却忽视了盒子里装的珍珠。我们要把注意力和关注的重点，放在阅读上，阅读工具只是用来帮助我们阅读的手段，而不是目的。

3.8.1 实体工具与阅读环境

阅读环境

不同人的阅读习惯与喜好不同。有人喜欢在夜里读书，有人喜欢在白天；有人觉得咖啡馆里略有些噪音的环境很适合阅读，有人更偏爱在自己的房间里读书。我们可以梳理一下自己平时经常去的地方，然后列出几个可以阅读的场景，自己实验一下，不同环境的阅读效果如何。空间的光线，坐的位置与坐姿，周围的环境声音，这些因素都可能影响我们的阅读效果。用同一本书，在不同的环境进行测试，找到或是设计最适合自己的环境。

不同的书对于环境的要求也可能不一样。例如专业领域的深度书籍阅读时可能需要做笔记，有一个桌面或是板子可以写字就很重要；需要深入思考的书，可能就不太适合在吵闹的环境下阅读。

光线

不论是纸质书还是电子书，阅读时保证周围有良好的光线是很必要的。良好的光线不但可以保护视力，也可以帮助集中注意力。保证书的页面上有良好的照明，不要有阴影，是对于阅读光线的基本要求。最好不要在没有其他光源的环境下，使用自发光的电子设备（比如 iPad 或是手机）阅读，这会对视力有一定损耗。夜间阅读液晶屏幕的电子书时，可以使用夜间模式或是调低对比度，避免影响

睡眠。长时间在桌前阅读的朋友（比如学生），准备一台可以调节亮度的台灯就很有必要。

降噪耳机或耳塞

如果在比较吵闹的环境阅读，一副降噪耳机就很有帮助。好的降噪耳机可以有效隔绝周围的噪音，让你更专注于阅读的内容。如果你只是想隔绝噪音，还可以使用耳塞，只需要很少的钱，就能达到良好的效果。但注意降噪耳机和耳塞不要在开车、骑车或是走在陌生的环境中使用，以避免发生意外。

阅读支架

长时间低头伏案阅读对颈椎与视力都有一定程度的损害，阅读支架可以把纸质书以一定的角度托举起来，有效降低颈椎的压力，也能让我们腾出手，记记笔记或是做其他事。纸质书可以使用阅读支架，电子设备一样也可以使用支架。选择支架时，注意其角度要可调节。

书签

书签的作用是帮助我们快速找到上一次阅读的地方。有的书签，有指向箭头可以精准指向之前阅读的句段，而且很轻便小巧。还有一些书签结合了便笺的功能，可以在上面记笔记，也非常方便。可以在淘宝搜索查看适合自己的书签。

笔、便利贴和荧光笔

前面的章节已经详细介绍了笔具和便利贴，这里就不再重复。

计时器

对于想要专心一段时间进行阅读的朋友们，一个可以计时的设备非常有用，通常使用手机或是手表上的闹钟定时提醒就足够了。你可以设置 30 分钟的阅读时间，在这段时间内专注阅读。另外计时器也可以查看并训练自己的阅读速度。

录音笔

阅读时喜欢记录自己的心得或是摘录，但又不方便或是不愿意记笔记的朋友，可以考虑使用录音笔记录阅读心得。目前市场上的智能录音笔不但可以记录音频，还可以将音频识别为文字输出，非常方便。另外我们也可以使用手机的录音类 App 实现录音做笔记的功能。

图书馆借书卡

这可能不算是实体的工具，但可能是最有价值的读书工具。全世界几乎所有的国家和地区，图书馆都是免费的，办理借书卡也是免费的。通过借书卡，你可以借阅海量的免费书籍。除了最新出版的部分图书外，大部分曾经出版的书籍，都可以通过图书馆查询借阅到。另外，很多地区的图书馆也有电子书阅读 App，可以借阅电子书，在手机端 App 阅读。

3.8.2 数字设备与软件工具

电子书阅读器

几年前说起电子书阅读器，大家首先想到的就是亚马逊的 Kindle。但近几年国产电纸书新品频出，而且从硬件到软件的支持都有了长足的进步，像文石、小米、博阅、墨案、掌阅、BOOX 等品牌都很不错。如果经常阅读电子格式的书籍，不妨考虑购买一个专门用于阅读电子书的设备。

购买电子书阅读器，要注意屏幕尺寸、文字清晰度、图书资源等因素。简单来说，屏幕尺寸越大，越方便阅读，特别是对有阅读 PDF 格式文档需求的人们，大屏幕的电子书非常实用。电子书的文字清晰度与墨水屏有关，因为目前几乎所有墨水屏电子书的屏幕供货商都相同，所以通常只要价位处于中位的设备，文字分辨率都在 300dpi，显示效果已经和纸质印刷书籍一致了。不同的设备获取图书的资源也有不同，目前来说 Kindle 的亚马逊电子书资源是最全面的。

有的高端电子书设备，还具备手写笔记等功能，已经不仅仅是纯粹的阅读工具了，比如 Sony 的 Remarkable 墨水屏平板电脑。当然这些设备售价也不菲。如果对电子书阅读器感兴趣，请自行查阅各类科技网站的设备评测获得更详细的信息。

智能手机

智能手机在这个时代，几乎是人人必备的工具。它不但可以是阅读的辅助工具，还可以是阅读工具本身。绝大多数可以直接阅读书籍的平台，都有智能手机 App 支持。我们也可以在智能手机上收听有声书，查看书籍的资讯信息，或是整理阅读的笔记。这些都会在具体的 App 介绍里提到。在阅读时，智能手机的屏幕尺寸与续航，可能是影响阅读体验的具体指标。

在这里，我想提醒正在阅读本书的读者：意识到智能手机对阅读的干扰，更有利于帮助我们建立良好的阅读习惯。智能手机从一个 App 跳到另一个 App 完全没有障碍，这也对我们的阅读造成极大的影响，特别是以智能手机为阅读设备时，这个问题更加明显。我们可能都有过“正在阅读某本书，突然微信弹出一条提醒，去回个消息，却一眨眼 20 分钟过去了”的体验。在阅读或是准备阅读时，要充分意识到智能手机可能带来的干扰，然后有意识地调整。比如阅读纸质书时，将手机放到其他房间，或是设置为免打扰模式；使用手机进行阅读时，将手机设置为飞行模式等等。

阅读音乐清单

音乐可以帮助人进入适宜阅读的脑电波状态，这已经被科学研究证实。使用习惯的音乐播放平台，创建一份你在阅读时可以听的音乐清单。很多平台已经有其他用户创建过的类似清单，可以直接搜索并使用。通常来说，器乐、自然声音、低强度的节奏音乐或是轻音乐，比较有助于阅读。

阅读笔记类 App

使用 App 记录阅读的心得，也是一种常见的阅读需求。这里介绍 5 个常用的阅读笔记类软件。

- 幕布：幕布是一款在线的大纲笔记软件，使用这款工具，你可以用大纲的形式记录书中的内容，层级分明，可以非常清晰地显示内容的结构。另外，它还可以将笔记一键转换为漂亮的思维导图。

- 滴墨书摘：滴墨书摘比较适合为纸质书籍做读书笔记。你想要记录书中的内容时，不需要再手动输入或者寻找其他的 OCR 软件，只需要使用滴墨书摘拍照、框选就可以把内容保存下来，添加到对应的读书笔记，还可以写下自己的心得、体会以及页码等相关信息。

- GoodNotes：GoodNotes 是一款 iPad 上的手写笔记软件，虽然

它的主要作用是手写笔记，但标注书籍也非常好用。你可以直接将电子版的 PDF 书籍导入软件打开，支持横屏、竖屏、翻页、滚动等多种模式，使用 Apple Pencil 来做各种标记，比如文字选框、画笔、荧光笔等，对喜欢使用画笔做读书笔记的人是一个非常好的选择。

• MarginNote：MarginNote 是一款强大的阅读笔记软件，支持 iPad 和 Mac。它主要为阅读和学习专业书籍而设计，有三种使用模式，文档、学习和复习。文档模式可以用来进行一些简单的标注、注释，快速阅读文档等；学习模式则带来最多功能，其中主要的大纲、脑图功能都是在学习模式中使用的，这些功能可以帮助我们快速整理和记忆内容，节省非常多的时间。一个文档阅读完，还可以进入复习模式，利用学习卡片复习之前的知识。

• Notion：Notion 是一款全能的笔记软件，也很适合作为读书笔记软件。它提供了丰富的模块，让你可以在读书笔记中添加各种内容。你可以直接用文字记录心得，可以使用引用模块添加书中重要的内容，还可以添加图片、视频、第三方内容等相关的内容。更强大的是借助 Notion 的数据库和多视图功能，你可以搭建自己的读书管理系统，用来追踪和管理读书进度，分享书单和读书笔记等。

阅读 App

阅读 App 是指可以在智能手机或是平板电脑终端运行，能够阅读完整书籍的应用程序。这样的 App 在应用市场有很多选择，其主打的卖点也各不一样。下面介绍其中 6 个比较常见的 App。

• 网易蜗牛读书：作为阅读 App 的后起之秀，网易蜗牛读书另辟蹊径，以高品质阅读迅速占领了一定市场。主要卖点为每天免费阅读一小时，以时间为付费维度，专注于精品出版书的深度阅读。

• 豆瓣阅读：豆瓣阅读聚合了豆瓣社交群落和原创写手，充分利用豆瓣原生的文艺气质。它并不只是一款单纯的阅读 App，任何作者都可以来这里写作文章、专栏、中篇乃至长篇作品。平台鼓励用户创作自出版。这给一些文学爱好者提供了一个非常棒的平台。

• 微信读书：微信读书凭借微信平台独有的海量用户基础，读者在读书时可以随时分享自己的读书感悟。除了社交分享之外，微信读书近期将运营重点转向了听书，这也满足了很多没有时间读书的人的需求。

• 掌阅：掌阅作为老牌阅读 App，图书资源十分丰富。另外，掌阅有强大的无线传书功能，本地书籍可以很方便地上传，而且自动排版功能足够强大，能够智能分析 TXT 文件并整理出章节目录。

•Kindle：如果只推荐一个手机端使用的阅读 App，我们会推荐 Kindle 的应用程序。这款免费 Kindle 阅读软件，可在平板电脑、智能手机、Kindle 设备或个人电脑间无缝切换，同步阅读进度。目前中英文的书籍库，Kindle 也是最为全面的，也有大量免费的经典名著及新媒体书刊供选择。

•Libby：Libby 是由全球最大的电子书发行商 OverDriver 推出的手机端和平板电脑应用程序，可以从图书馆免费借阅电子书与有声书。如果你有阅读英文书的需求，Libby 是一定要查看的一款 App。Libby 与全球 3 万多家图书馆有合作，你可以在当地的图书馆查看一下自己的借书证是否支持。

3.8.3 图书信息与交流平台

豆瓣读书

对国内的读书爱好者来说，豆瓣读书是一个人人皆知的书籍信息平台。豆瓣读书是豆瓣网的一个子栏目，自 2005 年上线，已成为国内信息最全、用户数量最大且最为活跃的读书网站。用户可以在豆瓣标注自己想读或是读过的书，写书评或短评，查看其他人的书评或是书单，也可以创建自己的书单。

Goodreads

Goodreads 是一个创建于 2006 年的书籍专题网站，允许个人搜索、注释、引述和评论它的书籍数据库。2013 年 Goodreads 被亚马逊收购。在 Goodreads 网站上，用户可以将书籍添加到他们的个人书架，评价和评论书籍，查看他们的朋友和作者正在阅读的内容，参与各种主题的讨论板和群组，并根据他们的观点获得未来阅读选择的建议。简单来说，Goodreads 就是一个“英文版的豆瓣”。但从用户体验与对于阅读的帮助来说，Goodreads 比豆瓣更加专注一些，Goodreads 上的书评内容，也比豆瓣的书评更聚焦书籍的内容与质量，而不是发散性的讨论。Goodreads 也有一些特色的功能，比如用户可以为自己设置一个年度阅读挑战。2018 年，超过 400 万用户为自己设定了阅读挑战。

孔夫子

孔夫子旧书网隶属于北京古城堡图书有限公司，创建于 2002 年，是国内专业的古旧书交易平台。截至 2015 年 7 月，孔夫子旧书网网上书店数量超过 10000 家，书摊超过 30000 家，展示图书超过 7000 万种。这里可以找到极具收藏价值的古旧珍本书籍，也可以找到很多价格低廉的旧书。

小木屋

小木屋图书启发于 Netflix 和 Costco，从纸媒图书切入，每年只需支付 365 元，便可以不限次借阅 10 万好书。每次任选 3 本书往返包邮，可以通过租书小程序“小木屋图书”实现。对于喜欢阅读纸质书但又觉得实体书不便搬运的朋友，小木屋是一个很好的选择。

多抓鱼

多抓鱼是广受好评的二手书交易平台。在进行二手书交易时，平台会非常认真地进行书籍消毒、翻新，最后单本塑封，这会让二手书看起来达到新书 80% 的观感。在这里购买纸质书籍除了价格便宜之外，也可以买到一些市面上已经没有的绝版书。多抓鱼也支持卖书，通过手机扫码、快递寄送，再经过多抓鱼审核认证，就能把废旧书籍回收转让。

第四章

全面破解阅读速度

4.1 打通阅读的任督二脉

中国武侠小说里，常常有打通任督二脉的情节：某某少年机缘巧合，拿到武功秘籍，跟随修炼一段时间之后，便打通任督二脉，练习任何武功，都可以在短时间内达到常人无法企及的高度。读者读到这种情节都会觉得非常爽，因为它迎合了很多人的心理：花最少的时间获得最大的收获。生活中有没有什么能力就像任督二脉一样，一旦提升，就可以带动其他方面的提升呢？我觉得，提高阅读的速度和吸收信息的效率，就像武侠小说中打通任督二脉一样，可以全方位改变我们学习、工作和生活的状态。

阅读的效率，似乎只是和学习有关，对于日常生活，好像意义并不大啊。其实仔细一想，阅读效率对我们的影响，可以说贯穿我们生活的方方面面。不论刷朋友圈别人的帖子，还是出门看地图、菜单，淘宝买东西看商品的简介和评价，或是工作中看文档资料、别人的邮件、阅读书籍等，都属于对信息的处理。从每天睁开眼睛，到晚上睡觉前，都有无数次处理信息的场景。如果能够在同样的时间吸收更多有效的信息，也就是提升自己信息处理的效率，不但可以更好地面对各种问题，也有更大概率在工作与学习中取得优势，这就是提升阅读效率的意义。正是因为这样，国内国外都有非常多培训提升阅读速度效率的技巧、方法和教程。有的技巧已经经过很多人的实践，证明可以有效提升阅读速度。也有一些明眼人一看就知道是忽悠的方法，比如有段时间在网络上热议的“量子速读”：一群孩子用扇风的方式极快速地一只手翻阅着书籍，另一只手在旁边甩动（该培训已经被相关部门取缔）。这类培训，其实都是针对我们在阅读速度与效率上的需求而产生的。

这一章，将具体介绍可以提升阅读速度的一些技巧，通过适当的练习，掌握并习惯这些技巧后，阅读速度能够获得明显提升，并且结果是可以测出的。听上去很不错吧？那我们开始吧！

4.2 如何制订阅读提速计划

4.2.1 找到自己的阅读速度基准线

从科学角度看，要想提升处理一件事情的速度，首先要有一个基准线，即知道这件事在常态下的基本速度，然后再通过刻意练习，循序渐进地逐渐提升这个基准速度。对于阅读来说，首先要知道自己目前的阅读速度。要测试这样的速度很简单：找一本平时自己读的书，随便选择其中一个章节，翻开某一页，开始阅读，同时用秒表开始计时；用自己习惯默认的速度读完这一页，然后结束计时；查看这一页一共有多少字，再除以相应的时间（按分钟计算），就可以得到一个每分钟阅读字数的数字。这就是你的默认阅读速度。

你可以找自己熟悉领域、不熟领域的书籍，或是专业领域与普通娱乐类别的不同书籍或文章，多进行几次测试，就可以得到自己的阅读速度范围。这就是你的阅读速度基准线。通常情况下，专业领域的阅读速度会比娱乐类的阅读速度慢很多。不用太在意这个数字的高低，因为我们的目标，是通过练习来提升它。

4.2.2　通过刻意训练以提升基准线

确定了基准线之后，就可以有意识地通过训练提高自己的阅读速度。《刻意练习》提到，训练的最好模式是逐步设定比自己当前标准稍微高一点的目标，当达到这个目标之后，再设立一个更高一些的目标。每一次以 5%~10% 的增长作为你增长幅度的目标，让它稍微超出自己的能力范围，但又能够完成是最适合的。通过这种方式，你可以将自己的阅读速度有意识地提升到理想的速度。

可以把这种提速训练理解为电脑 CPU 的“超频”。假设通过超频调高 CPU 的处理速度，将默认频率为 2G 的 CPU 频率调到 4G，CPU 的处理速度就提升 200%，同样的任务，只需原来一半的时间就可以完成。那么以提升后的阅读时间，阅读同样的书，就可以提升 2 倍的速度。

比如，我目前的阅读速度是每分钟 300~500 字，一本 10 万字的书，大约需要 200 分钟（3.3 小时）到 330 分钟（5.5 小时）读完。我

可以将自己的第一阶段阅读速度目标设定为 350~600 字，预计 2 周达到这个目标。这样两周后如果实现这个目标，我就可以用 160 分钟（2.6 小时）到 280 分钟（4.7 小时）阅读完同样的书。实现这个目标后，我可以再制订一个新的目标，继续练习达到这个目标。

如果 2 周后没有实现这个目标，我会查看自己的实践是否与计划一致，并调整自己的计划，将目标设置得稍微低一些，再继续一次 2 周的练习。

当你对自己的阅读速度已经比较满意，就不需要刻意练习了，只要保持阅读数量就可以。最妙的是，当你提升了自己的阅读速度基准线，这样的能力可以持续在你的阅读过程中起作用。这就像复利投资一样，越早开始训练习得这项能力，就越早受益。

4.3 像运动员一样设计与训练你的阅读能力

4.3.1 阅读与长跑其实非常像

之前我们用“打通任督二脉”来比喻阅读的重要性，其实，阅读也的确可以拆分为两条主线：阅读速度与理解程度。阅读的效果，其实是阅读速度与理解程度的共同效果。速度会影响理解程度。阅读速度如果非常慢，理解会比较容易达到比较好的程度。如果阅读速度非常快（超过平时自己的默认速度），阅读内容的理解就会减弱。

从这两个指标来看，阅读其实与一项全世界最普及的运动非常相似：长跑。衡量长跑的两个重要指标，是速度和耐力。运动员要达到一定的长跑成绩，需要有基本的（至少比走路稍快）速度和耐力。如果跑步的速度很快，可能快速地消耗体力而丧失耐力。

了解两者之间的相似之处，我们就可以分析长跑运动员是如何分别训练自己的速度与耐力的，借鉴其中的原理，指导我们在阅读时提升速度与理解力。

4.3.2 长跑运动员如何训练速度与耐力

每个长跑运动员的训练计划各不相同，但有一些原则是相通的。跑步训练有 3 条最基本的原则：

1. 每周增加训练里程

所有的长跑训练都会有一个基本的原则：训练的里程逐步增加。如果第一周计划跑 5 公里，第二周可能要跑 7 公里，第三周要跑 10 公里。用旧金山州立大学运动机能学教授马特 · 李博士的话说，“要看到进步，你需要不断地让你的身体接受它不习惯的刺激，也就是跑更远的距离。你逐渐让身体超负荷，让它适应，然后再超负荷一点。”

2. 倾听你的身体

一般的长跑训练，会遵守“10% 原则”，也就是每周增加的总里程不超过 10%。但这只是一个指导原则，通常运动员在训练时，更好的经验法则是运用常识并倾听你的身体。比如一次艰苦的训练之后，至少需要一个恢复日。当生病了，或是感觉烦躁、食欲不振和睡眠不足时，都表明你训练过度了。

3. 单独进行速度训练

佐治亚南方大学运动生理学实验室的助理教授和主任格罗西基建议，长跑运动员应该每周进行一次速度锻炼，例如 4 次半英里重复，中间进行 2 分钟的轻松慢跑或步行。“在接下来的一周做同样的锻炼，并尝试打败你的时间。”如果可以毫无难度地打破上次的记录，就再增加半英里间隔或延长距离。

4.3.3 如何借鉴运动训练的法则来练习阅读

我们几乎可以使用与长跑训练相同的原则，来指导制订练习阅读的计划。

1. 每周增加阅读总量

跑步时的训练总量是总里程，阅读时的总量则可以是阅读的页数。我们可以先找出自己的每周基础阅读量，再有意识地慢慢增加总量。例如，你一周将一本 300 页的书读了一半，也就是阅读了 150 页，那么可以计划自己在第二周阅读 180 页，第三周阅读 200 页，以此类推。

2. 观察自己的阅读状态

我们可以使用跑步训练时的“10% 原则”来指导制订阅读计划，但更重要的是观察与感受自己的阅读状态，做出适当地调整。如果你在阅读时能很好地集中注意力，沉浸于其中，就不妨多做一些。

而当你的情绪低落，阅读时状态很不好，就可以有意识地寻找导致状态低落的原因，在之后改进。比如你发现自己在某天读书时注意力完全无法集中，可能是前一天睡眠不足的缘故。你就可以暂停阅读，在第二天睡眠充足时再进行。

3. 单独进行阅读速度训练

高效阅读的目的是在不牺牲理解力的前提下，能够更快速地阅读，且能坚持更长的时间。为了达到这个目的，我们可以有意识地单独训练阅读速度。在专门训练阅读速度时，可以将理解力放在其次，着重训练快速阅读的技巧。比如连续畅销书作家、创业者蒂姆·法瑞斯就建议通过 20 分钟的速读专门训练，让我们的大脑适应稍微超出自己理解能力的阅读速度。

了解这些指导原则，我们就可以根据自己的情况，制订具体的阅读计划了。

4.4 号称可以一目千行的速读法，靠谱吗

4.4.1 速读法概述

每个人在不同的学习阶段，可能都有过这样的想法："可以使用的时间如此短暂，想要阅读的书却又那么多，如果能用更快的速度阅读，那该多好啊！"这也可能是速读术作为一种商品，一直为人所追捧的原因。因为市场巨大，速读产品和理念众多，鱼龙混杂，很容易让人眼花缭乱。市面上有众多号称可以提升阅读速度的方法，既有像"量子波动速读"这种"以爱驱动，每分钟可以读 10 万字"的典型骗局，也有由 IELTS 雅思外语学习方法引申而来的理解性略读这种可以真正提升阅读速度的技巧。这一节，我们将简单介绍市面上常见的速读方法，看看哪些方法可能对我们有所帮助。

西方的速读方法大约从 20 世纪 70 年代开始出现并发展。在 20 世纪 70 至 90 年代，由于全球经济的增长，信息同样呈现巨大的增长。同时由于全球化的经济趋势，人们一天内接触和需要处理的信息，是以往的十几倍甚至更多，加快对信息的处理速度，成了一种刚需。于是众多加快阅读速度，提升阅读理解力的方法也应运而生，比如思维导图发明人的“博赞速读法”，强调技巧性跳读的“动态阅读”。很多相应专题的培训与课程也相继出现，比如 1990 年吉尼斯速读记录的保持者霍华德・柏格的速读课程。

在我们相邻的日本，由于 20 世纪经济的高速增长，加上日本文化中经济与生活的方方面面都有大量的文字信息，所以快速阅读也成为一种主要需求，很多速读方法来源于日本。但与西方注重技巧的速读方法不同，日本的速读方法会涉及更多“虚”的层面，比如人生观、世界观，所以日式的速读法更加鱼龙混杂。之前在新闻中曝光的“量子波动速读”骗局就是来源于日本。

如果要回归阅读的目的，也就是理解的话，其实一些不强调速读的方法，会有更大的适用范围，也更靠谱一些。比如美国哲学家莫蒂默・阿德勒与查尔斯・范多伦在 1940 年所著（1972 年大幅修订）的《如何阅读一本书》，其中讲述的方法至今依然适用。另外剑桥英语雅思阅读 IELTS 机构所推荐的略读法，不只适用于外语考试时的阅读，同样适用于生活与工作中的阅读。

4.4.2 博赞速读法

很多朋友可能都听说或是使用过“思维导图”这一工具，其发明人托尼·博赞也写过一本关于快速阅读的书，名为《博赞速读》（英文版 The Speed Reading Book 首次出版于 1971 年，中文版于 2014 年由化学工业出版社出版）。在这本书里，博赞比较系统地讲述了可以提升阅读速度的技巧，其中还包括“照相式记忆”阅读的理论和方法。我们讲述的部分技巧，也与博赞速读法中的一些方法有相似之处。博赞速读法比较适合于想要改善阅读速度与理解能力的商务人士，也适用于学生。

4.4.3 动态阅读

与博赞阅读类似，出版于 1998 年的《动态阅读》以商务、政治领域的成人为主要市场，强调通过视线引导与跳跃式略读的练习，可以极大程度地提高阅读速度。作者彼得·孔普曾担任宾夕法尼亚州视力研究院阅读工作室总监，并曾为尼克松总统时期的白宫官员讲授快速阅读课程。他后来创办了自己的公司，专注于快速阅读领域的培训与咨询。动态阅读的方法以技巧性跳读为主，更适合于英文等表音的语言。书中的案例也基本是英文阅读为主，对于中文语境的阅读，其适用性一般。

4.4.4 20分钟读完一本书的《共振阅读法》

日本人在快速阅读方面也有着巨大的需求，所以市面上也有很多日本人发明的速读法。《共振阅读法》由渡边康弘发明，号称可以做到20分钟左右读完一本书，还能在理解上达到可以与他人分享的程度。他认为可以用快速翻书和摸书来获取书中的能量，然后再用一个三格的A4纸来绘制书的“共振笔记”，记录出书中的“高能量”词汇。这种方法就我的理解，只是在感知层面接触了信息，远远没有达到认知的层面。不过该方法强调主动阅读（也就是要提前考虑阅读目的）并在阅读后马上行动，也有一些可取之处。这种方法对于商业畅销书籍，可能会比较适用。

4.4.5 “量子波动速读”的骗局

如果说上面的快速阅读方法各自关注不同的技巧，有着自己的特点与局限，虽然有所争议，但的确在某些方面能够以可感知的方式增强阅读速度的话，那么这个名为“量子波动速读”的方法，就属于明确的骗局了。

在网络上曾经热传一个视频，一排排小学年龄的孩子坐在桌子前，手里拿着一本书快速从头到尾反复翻动着，翻一页的时间大概只需 1~2 秒钟。这是一种极其唬人的速读训练方法，号称可以做到 1~5 分钟就速读完一本 10 万字左右的书籍，并且可以把书中所有内容都完全复述出来。老师还说，你翻书翻得越快，你和宇宙的距离就越近。这套名为“量子波动速读”的方法，由日本人飞谷由美子发明，声称当书页翻动，信息会直接进入中脑或间脑。那里是人类潜在意识的所在，从而达到超速阅读。她甚至还称，即便是外语书，翻书的过程也能激发大脑迅速翻译，可以跨越所有语言障碍。

读到这里，你应该知道这就像宣称粮食可以“亩产万斤”一样，已经突破了基本的物理与生物规律，是完全不可能实现的神话。以此为噱头的培训，也属于捞钱的骗局。

看完上面关于种种速读方法的介绍后，你可能会很迷惑：到底速读是不是真的有可能实现呢？有没有什么靠谱的方法呢？我认为抛开理解谈论阅读的速度，是片面且不科学的。各类速读法中介绍的一些技巧的确适用，而且就像跑步的速度和耐力是可以有意识训练的一样，阅读的速度和理解力同样可以通过有意识地练习得以提升。本章接下来的部分，将会就这一主题进行详细说明。

4.5 通过视线引导提升阅读速度

4.5.1 什么是视线引导

很多国外的阅读黑客，就是那些可以做到每天读一本书，或者一年可以读完几十本书的人，他们在分享自己的阅读方法时都会提到一些相似的方法。这些方法中，一个常见的提高阅读速度的技巧，就是用手指（或是笔、卡片等物品），在书本上滑动，引导视线进行阅读，这就是视线引导。

通过用手指引导视线，我们的眼睛可以有一个参照物可以追踪，不容易失去目标。目前吉尼斯世界纪录的最快阅读者霍华德·伯格，就使用这种方式进行阅读。他阅读时，会用手指“抚摸”书页，其实就是在进行视线的引导。

视线引导有两大好处：便于量化统计与提升速度；利于培养不再回读的习惯。

便于量化统计与提升阅读速度

我们一般对于自己的阅读速度，很难有直观的感觉，读得快，读得慢，不容易感觉出明显的区别，但在使用手指进行引导阅读时，手指的移动速度是比较容易被感知的，移动得快，就阅读得快一些，反之也是一样。

这样，你在阅读时，就会有一个阅读速度的意识。而且当你习惯视线引导阅读之后，手指移动的肌肉记忆也会告诉你这是平时阅读的基本速度。阅读的快与慢，就很容易得到量化。这种量化也便于进行刻意地练习来提升。

利于培养不再回读的习惯

我们的眼睛在没有目标牵引的时候，是以跳跃的方式进行移动的。因此，在阅读文字内容时，我们的眼睛很多时候会无意识地跳回之前的部分，去阅读已经读过的文字；有时也会跳到后面还没有开始阅读的内容。当你意识到自己在阅读前面或是后面的内容时，会多花一些时间重新回到原先阅读的内容上。这样不知不觉来回重复阅读所花费的时间，其实是很多的。

使用手指引导视线，会迫使你不再回到之前已经读过的部分。这种方式就像你去健身，在一旁提醒你的私教一样。通过一段时间的训练，你也会慢慢养成不再重复阅读之前内容的习惯。

4.5.2 如何借助视线引导来提升阅读速度

视线引导适用于阅读纸质书、电子书、电脑上的文档，甚至是手机上的文字。触摸屏的电子设备，注意不要直接触摸到屏幕，以免产生误操作。也许旁人看这种摸书的动作会很奇怪，却真正提高了阅读的速度。

手指在每一行画线时，保持稳定的移动速度，也可以训练阅读的速度保持不变。之后，再慢慢地增加速度。如果你真的想认真训练自己的阅读速度，甚至可以使用节拍器或是计时器帮助自己定速。另外一些速读训练课程，还有具体使用 S 型或是 Z 型轨迹引导视线阅读的详细方法。

如果真的碰上读完还是读不懂的部分怎么办？我的经验还是可以回头读的，但同样还是用引导视线的方式。

纸质书和平板电脑，可以直接逐行从左到右滑动手指。手机的阅读，可以用一只手指放在屏幕中央并慢慢往下移动。显示器上的网页或是文档的阅读，也可以用鼠标进行视线的引导。

如果你看过吉尼斯世界纪录阅读速度保持者 Howard Berg 的视频，会发现他在阅读时，虽然也使用手进行视线的引导，但他的手指并不是逐行从左到右地移动，而是手指覆盖每行文字的中部区域，并从上往下移动。这是因为他同时也训练了自己的阅读视线范围，不用很大幅度地从左到右移动眼睛的视线。这样就可以在较少的视线移动中，阅读更多的信息。国内外很多强调速读的教程和书籍，会专门强调如何训练视线的拓展，但时间与精力的投入都很大。下一节，我们将介绍一个技巧，让你不用改变自己的阅读习惯，就可以提升 10%~20% 的阅读速度。

4.6 语音屏蔽：去除阅读时读出声的习惯

除了回读会影响阅读速度外，还有一个影响阅读速度的障碍，是我们脑海里的声音。很多人在阅读文字时，都会有一个声音在脑海里进行朗读，这可能是我们从小学习读书时养成的一个习惯。我们小时候在阅读时，都是父母或是自己大声地念出声，时间一长，就会习惯有一个声音在脑海里念出正在阅读的内容。成年之后进行阅读时，也会保持这样一个阅读习惯。

问一个细思极恐的小问题：你在脑海中听到的朗读声音是男的还是女的？是你自己的，还是别人的？

脑海中的声音，会很大程度地限制阅读时信息输入的速度。因为这个声音的朗读速度，大概是与真实的朗读速度相匹配的。一般人的朗诵速度是每分钟 150 字左右，而朗读新闻的速度在 220 字每分钟左右。就阅读而言，这个速度，其实是很低的。以这样的速度，读完一本 10 万字左右的书，大约需要 11.11 小时！就算是以新闻的速度，也需要 7.57 小时。

如果你在阅读时不只是在脑海中朗读，还会用嘴巴念出声，那更需要有意识地训练，破除这个习惯。

要提高阅读速度，阅读时可以有意识地破除在脑海中出声朗读的习惯。比如可以通过阅读时收听一些音乐，干扰自己脑海中的声音。如果你有用嘴小声念的习惯，可以在嘴里咬个东西，或是嚼口香糖。如果能克服脑海中声音的干扰，阅读的速度会明显地上升。

4.7 扩大阅读视野：将阅读速度快速提升 10%

4.7.1 什么是阅读视野

大部分人在阅读时，是视线跟随字或是词逐字阅读。这是我们从小就养成的阅读习惯，并在小学之后几乎没有改变。当然这样做没有任何问题。而实际上，我们的眼睛是可以看到视线聚焦点之外的物体的。如果你对这个有疑问，只需要做一个很简单的实验：继续注视本段文字，同时伸出一只手指，在本书的边缘晃动。你可以看到晃动的手指么？当然可以。这就是眼睛的余光视野。

很多速读法中，都有涉及相应的练习，通过扩大眼睛阅读时的视野，增加阅读速度。“动态阅读”速读法，就推荐使用大量的视线练习提升速度。在这里，我推荐一种最容易实行，且效果最好的方法，可以让你在几乎不改变阅读习惯的前提下，提升 10%~20% 的阅

读速度。这个方法来自连续畅销书作家，《每周工作 4 小时》的作者蒂姆·法瑞斯。

4.7.2 训练视野，将阅读速度提升 10%

1. 选择用于训练与测试的书

首先，选择一本打算阅读的书，虚构或是非虚构类都可以，但最好不要是技术性很强的专业书籍。书的形式以文字为主，尽量不要有插图。这样便于我们测量阅读速度。

2. 测出基准阅读速度

我们需要先知道自己的阅读基准速度：先翻到这本书的随意一

页，数一数这一页平均有多少行，一行平均有多少个字，两个数字相乘，就是大概一页的字数；然后用平时的阅读速度阅读一分钟，你就可以得到自己每分钟的阅读字数。

3. 首尾排除 2 个字

接下来就是比较有意思的一步了：随意翻开另外一页，在任意一行从左面顶格往右数 2 个字，然后用尺子和笔，在第 2 个字与第 3 个字之间，在页面上从上到下画一条直线；同样，在从末尾数起的第 2 个字与第 3 个字之间，也从上到下在页面上画一条直线。这样，原来的一页书上，会在左右两边各有一条竖线。

4. 阅读训练并慢慢习惯

接下来要做的，就是练习阅读：从左边线开始阅读，读到右边线时就开始折行又回到左边的线阅读第二行。这样，每次在阅读时，视线就在左右两边各减少 2 个字，也就是每行节省了 4 个字的阅读时间。实际读上几页，感受一下是否和原来的正常阅读速度差不多。因为我们的眼睛的视野是有一定范围的，这样左右各自减少 2 个字的“缩进”，通常不会有什么明显的影响。如果你已经习惯这种阅读方式，那么恭喜你，你的阅读速度提升了 13%！

你可能在心里想：怎么可能？这也是一个忽悠式的速读法吧！我们来做一个简单的算术：中文书的一行文字，通常是 25~35 个字。我们以每行 30 个字为例，通过两条竖向的阅读引导线，每行共减去了 4 个字。新的阅读速度提升了 [30–(30–4)] ÷ 30 × 100%，也就是 13%。

如果你已经初步适应了这种方法，就可以在不画线的页面上，同样使用每行前后各“去除”几个字的方式进行阅读。当你习惯了跳过 2 个字，可以试试跳过 3 个字是否可行。如果前后各跳过 3 个字，仍然以前面的每行 30 字为例，你的阅读速度可以提升 20%。

这不是玄学，也不是魔法，而是可以测试可以练习的技巧，很快就可以将阅读速度提升 10%~20%，马上动手试试吧！

提醒：这个练习比较适合在纸质书上进行（毕竟在 iPad 或是 Kindle 等电子设备上用笔画线会比较损伤钱包），但当你适应了视野扩大式阅读，在阅读电子书时也适用。

另外，视野扩大式阅读不太适合小屏幕或是小型尺寸的书。如果你是在手机上进行阅读，视线本来就相对集中在小的区域，就不太容易再用余光查看其他信息了。

4.8 略读、扫描与理解性跳读

4.8.1 略读与扫描

前面介绍过的一些速读方法中，或多或少都有涉及略读与扫描这两个方法。略读与扫描是剑桥雅思英语水平考试的推荐方法，用于提升英语阅读的速度与理解程度，但也适用于几乎所有形式的阅读。

略读是一种快速阅读的过程，具体指在阅读时，有意识地搜索关键句子或是关键词，以寻找主要信息。《剑桥雅思官方指南》的作者宝琳·卡伦将考试中的略读定义为快速检阅关键词，而不是逐字阅读每个单词，以便对文本或文本的一部分有一个整体印象。

阅读一篇文章时，略读可能意味着只是阅读开头和结尾以获得摘要信息，或是只读每个段落的第一句话，通常取决于阅读的问题或目的。对很多人来说，这是一种自然而然的阅读行为，但通常是通过实践获得的，比如你在查看邮箱里的广告文章时，就肯定不会逐字逐句阅读。

略读通常在成人中比在儿童中更常见。它的速度比正常阅读高（可能达到每分钟 700 字以上），所以理解率通常较低，尤其是信息丰富的阅读材料。

扫描是指从略读形成的基本信息中主动查找信息的过程。扫描可以理解为略读的第二步，也就是进行基本的略读后，再有意识地把这些信息作为线索，引导眼睛去扫描其他要点。比如当看到现在这个章节的标题是“略读和扫描”，你可能就会想去搜索关于略读的定义。下面如果不特别注明，提到的略读就是指包含了扫描技巧的略读。

4.8.2　略读的适用范围

略读主要用于研究和获取文本的整体概念，尤其是在时间有限的情况下。 在一篇 2009 年发表的关于阅读的论文中，作者将略读与正常阅读进行了比较。他们要求一组测试者在限定的时间略读全文，另一组测试者在同样时间正常阅读一半的文本。实验结果表明，略读

（可以查看全文）比正常阅读（只阅读一半文本）能更好地理解全文的要点。各组对文本中不太重要的信息的理解没有差异。进一步的研究结果表明，受过训练的略读者在理解力和速度方面都比未经训练的略读者略有优势。因此，专家建议，略读对于需要“浏览大量材料或需要提高学习技能”的人最有用，而对那些阅读“需要仔细研究每个材料的技术性很强的材料”的人用处不大。

也就是说，如果你是阅读一些逻辑性、技术性不很强的材料，而且你的目的是在有限的时间浏览尽量多的材料，那么略读这种技巧非常适用，比如阅读商业类畅销书籍，或是浏览微信公众号里的娱乐性文章。但如果你是在阅读《高等数学》之类的书籍或是一段程序代码，略读这种技巧就不太适合了。

这也解释了一些速读提倡者声称“20 分钟读完一本书”或是“每分钟阅读速度 1000 字以上”是怎么做到的：大多数情况他们是在使用略读，是以牺牲理解程度作为前提的。认知神经科学家斯坦尼斯拉斯·德哈内说，对声称每分钟阅读多达 1000 个单词必须持怀疑态度。

4.8.3　如何训练略读

在各类速读法中，训练略读都是一个重要的组成部分。最好的方法，是结合自己的情况，制订自己的训练计划。我们可以借鉴剑桥雅思阅读的技巧，使用限时的方式提升自己的略读速度。

1. 记录自己的正常阅读速度

找几篇相同篇幅，题材相似的文本。首先以正常阅读速度读完第一篇文字，记录自己的阅读时间，并用一两句话概括这篇文字的信息。

2. 使用稍少的时间进行限时阅读

其次用 90% 的时间（具体数字可以自己调整）进行限时阅读，阅读第二篇文字。阅读可以使用略读，跳过自己觉得不重要的信息，完成后同样概括出该篇文字的信息，并记录自己的理解程度。

3. 再减少时间，直到已经超过自己的适应程度

最后限时阅读，将阅读时间再缩短一些，比如设为第一次的 80%。阅读第三篇文字，概括信息，记录自己的理解程度。如果觉得理解的程度还可以接受，就用再短一些的时间阅读下一篇文字。当觉得理解的程度已经稍微超出了自己适应的范围，就说明你找到了合适自己的略读速度了。

4. 定期练习并巩固速度

定期（比如每周两次，每次半小时）练习略读，使用不同题材的文字，也可以试着慢慢再增加略读的速度。

4.8.4 理解性跳读

和前面充满技巧性的略读方法不同，理解性跳读与阅读的内容有关。简单来说就是，如果你在阅读某一段落或章节时，发现这一段落的内容是自己之前已经阅读过并理解的内容，就可以直接将其跳过。比如很多个人成长类书籍中，都会讲到美国作家马尔科姆·格拉德威尔在《异类》一书中提出的“10000 小时理论”，并详细解释这一理论。如果你已经读过这个理论并已经理解，那么可以直接将整段文字甚至章节跳过。

正因为这个原因，学习型阅读，特别是集中在某一领域进行的学习型阅读，其实是一个复利式增长的过程。开始对某个领域不熟悉，阅读的速度可能会很慢，但当对该领域的知识体系和知识节点比较熟悉时，很多内容其实已经读过，阅读时就可以快速跳过，阅读的速度也就整体提升了。并且，你在该领域阅读得越多，阅读速度也就越快。

理解性跳读，并没有很具体的练习方法，只需要确定一个打算深入学习的专业领域，然后集中阅读该领域的一流书籍，一般三五本书读完后，再读该领域的其他书籍，就会变得轻松快速了。

小技巧：如果在开始正式阅读前，看过原书的简介，或是观看过作者的讲解视频，也可能增加跳读的概率。

如何判断哪些内容是可以略过，哪些内容是重要的呢？下面是几条我的个人经验：

1. 略过已经懂的内容

很多书在讲述某个理论或观点时，会解释涉及的其他概念。如果你已经懂了相应的概念，就可以略过详细的解释。比如上面提到的“10000 小时理论”，如果你在阅读前已经知道这个概念，看到对它的详细介绍，就可以直接跳过了。

2. 略过表格和数据细节

除非特别重要的表格和数据，或是作为专业研究的用途，很多书里涉及的表格和数据都可以略去。比如你在读一本关于健康饮食的书，其中列举了摄入糖类过多，可能会对你的血压、血脂等指标造成影响。如果你只是想要学习健康饮食的知识，并应用到自己的生活里，就只需记住结论：减少对糖的摄入，就行了，其他数据，都可以略过。

3. 略过故事与案例

很多非虚构类书籍说明观点时，会举大量的例子或是讲述具体的故事，特别是畅销书，通常都是有一个核心观点，然后围绕该观点引证大量的案例。阅读时，如果你觉得已经理解作者的观点，就可以跳过那些重复的案例与故事。这也可以节省不少读书的时间。

4. 略过你认为不重要的章节

我建议在预读部分要读一读书的目录，目的就是为了明白书的哪些章节，对自己更重要一些。比如《搞定》这本书，其中专门列了几章，讲述如何优化电子邮件的处理流程。如果你的工作中，电子邮件所占的交流比重很小，就可以直接略过这些章节。

阅读的时候，先通过目录确定章节，然后在阅读时，先读章节导语和结语，确定是否要略读。每一段自然段，也可以先读第一句，然后决定是否要跳过。一开始你可能会难以判断，但随着多多练习，慢慢就会找到感觉了。

4.9 正念阅读：慢慢阅读的艺术

本节前面的内容都在强调与训练阅读速度，但这一节，却是讲如何放慢阅读速度的。这种有意放慢速度，全身心地沉浸在阅读中的体验，与正念冥想很相像，所以我们将它称为“正念阅读”。

4.9.1 什么是正念

正念是从坐禅、冥想、参悟等发展而来，其中“念”是指将思想固定在某个对象上并专注地观察的稳定的心理状态。正念就是指专注于当下而不加判断的心理过程。它的基本原则是有目的地、有意识地，关注、觉察当下的一切，而又不作任何判断。正念可以帮助我们从日常一些惯性又无知无觉的“默认”状态中醒过来，能够触及生活里一些平时不易感知的细节。它不但对很多心理问题有很好的疏通作用，也可以完美地平复现代人因为快节奏的生活和高强度的信息轰炸导致的紧张、焦虑等情绪。

练习正念最常见的形式是冥想。通常练习者可以找一个安静不受打扰的环境，舒服地坐着，闭上眼睛，然后调整呼吸，将注意力集中于呼吸上。无论头脑中出现什么想法，都不用担心，只需将注意力简单地返回到呼吸上就可以，不用害怕，不用后悔，也不用任何评判。这样训练 10~15 分钟之后，就完成了一次基础的正念练习。

4.9.2 什么是正念阅读?

正念与阅读有什么关系呢？很多人阅读时都会有这样的情况：打开一本书看上没几页，读到一段比较抽象的内容，注意力就慢慢飘走了，开始想晚上吃点什么，打开手机查一下大众点评，看到微信上有几条未读消息，回复完顺便看看朋友圈，然后不经意又读了两个帖子。半小时后忽然意识到，咦，我刚刚好像在读一本书？如果是在手机上阅读，这种情况更加常见，也更加隐蔽。正念阅读，就是结合正念冥想的原理到阅读中，帮助你专注于阅读本身，在阅读时能够更好地集中注意力，享受阅读乐趣的一种方法。

从正念的定义来看，“有目的地觉察当下”是阅读的一种理想状态：我们有目的地阅读，集中注意力在书的每个词语上，沉浸在文字所创造的当下环境。对于现代人来说，每天大量的信息轰炸，频繁地切换场景与注意力，往往是焦虑与疲惫的主要原因。享受现代文明带来的便利的同时，这也是我们必须承担的代价。在之前的章节，我们专注于提升自己的适应能力，让自己能够更高效地面对信息的森林。但在信息森林里探索，不可能一直持续，你需要停下来，点燃一堆篝火，好好休息，才能在第二天继续充满精力地面对挑战。这是一种必需的平衡。正念阅读，就是一种平衡阅读状态的很好方式。我们在之前的章节，以追求阅读的效率为主要目标。在进行正念阅读时，我们可以不用考虑速度，而专注于体验阅读的当下。

4.9.3 如何进行正念阅读?

1. 规划一段专注于阅读的时间

正念阅读算是一种冥想的形式，所以需要全身心地投入。你需要规划出自己日程中的一段时间，专门用来进行正念阅读，哪怕只是 10 分钟，也是一个很好的开始。在这 10 分钟内，你可以全身心地专注阅读，不需要担心其他的任务或是干扰。

2. 尽量选择纸质书

电子设备基本都会发出光线，更容易让头脑兴奋。另外在电子设备上阅读，我们更容易会跳读或是略读，这与正念阅读的目的相反。小说或是诗歌比非虚构类书籍更合适正念阅读。如果是刚刚开始进行正念阅读，可以选一本自己已经读过而且特别喜欢的书。

3. 找一个安静的，不容易受到打扰的环境

找一个安静的阅读环境，准备好你所需要的东西：水，纸，笔。记得将手机调整为飞行或是免打扰模式，如果觉得有必要，可以将手机放到其他房间。不要试图找到心目中完美的环境，而是在自己可以控制的环境里尽力营造出适合正念阅读的氛围。我曾经每天搭乘地铁上班，路上大约 15 分钟左右。我上车的站通常都有很多座位，没有网络信号，没有认识的人，只要一副降噪耳机加上一本书，地铁上就是最适合正念阅读的环境。

4. 在开始阅读前，先聚焦注意力在呼吸上

你先深呼吸 5~10 次，集中注意力，以将心念转到当下的状态。正念阅读意味着阅读时带着觉察，你可以在呼吸时默默对自己说："我会缓慢地，专注地阅读，认真消化每一个字。"

5. 体会书籍的实体感

你在阅读时，注意体会手中书籍的质感，抚摸书页，感受纸张的厚薄，甚至可以深深地闻闻书的气味。同样，阅读时也可以注意感受字体、色彩或是排版的细节。

6. 开始阅读时，咀嚼每一个字

之前的章节强调略读和跳读，而正念阅读的练习恰恰相反，不要在意阅读的速度，而是缓慢而专注于阅读的每一个字上。你可以感受字与字之间的节奏感，可以读出声音。如果你发现自己在跳读，就返回到略过的部分，重新恢复你的注意力，继续阅读。

7. 当注意力飘散到其他念头时，重新回到书的内容上

正念阅读和冥想一样，我们的心绪会不时从书的内容转移到其他念头，或者是其他感觉上。你可能会在阅读时，觉得背有点酸痛，也可能读到某句话时，就想到了一件与之相关的事情。这都是很正常的情况，要做的，是意识到自己的思绪，然后默默地提醒自己："没有关系，回来就好"，并继续之前的阅读。

8. 觉察自己的感受

当你已经适应了觉察自己心绪的飘散，还可以试着进一步体会，让自己思绪飘走的，是想法，还是感受？比如觉得后背有点酸痛，这是感受；而想到了中午的午餐，这是想法。另外，在阅读时，也注意体会你的情绪反应。书的内容，是否引起了你的情感，甚至是生理上的一些反馈？你比刚开始阅读时，是更放松，还是更紧张？如果你没有任何情绪上的感觉，也很好，不要觉得一定要有情绪上的反应才是好的阅读，这只是一种标签。同样，阅读时的不同情绪，也没有好坏之分。你可以感觉到欢喜，兴奋，也可以感受到紧张，不要认为这是“好”或“不好”的情绪，只需要注意到它，觉察它，就可以了。

9. 休息能让注意力更集中

集中注意力不分心地阅读 10~15 分钟，是一件很难的事，特别是在一开始练习时，要给自己一定的休息。如果你能进行 10 分钟正念阅读练习，就休息 3~5 分钟，然后再重新开始。

10. 没有失败的正念阅读

如果某一次练习你觉得特别困难，没有达到预期的效果，不要认为这是失败，哪怕只是做了 5 分钟。这和冥想的练习一样，没有好与坏的练习。因为每一次练习，都是旅程中的一段路程，最终都会帮助我们走向自己的目标：成为更有洞见与觉察力的人。

第五章

提升阅读后的输出能力

5.1　读完一本书之后应该做什么

很多人都有“买书等于读书”的错觉，特别在新年刚开始，或是图书网站打折的时候。他们会在这些时候购买很多书，然后想象自己已经读完所有的书，畅游在知识的海洋中。几个月过去了，很多书还没有翻开，甚至连塑封都没有拆开，所谓“买书如山倒，读书如抽丝”。

而另外一种错觉，则比较隐蔽，不太为人注意：“读过就好”。有这种错觉的人，会从头到尾读完一本书，也会因为认同作者的观点频频点头，但阅读的过程中，没有留下任何的痕迹。读完这本书一段时间之后，再说起书里的内容，却一点都想不起来了，就像完全没有读过一样。

你买了的书，还不是你的。你读完的书，也不完全是你的。你在阅读之后进行的思考与输出，才真正是你读完书的结果和收获。不进行总结与输出的阅读，不是完整的阅读。

阅读效率不高的一个重要原因是读完书之后，没有进行总结、输出与实践。很多书读完一段时间后，就彻底忘记讲了什么内容，其中一个原因就是你没有主动地总结和提炼这本书的内容，换句话说，你没有输出。人的大脑中知识都储存在神经元里，每次重复，都会加强神经元之间的连接强度，也就是说你输出得越多越充分，对于书的理解也就越深，书的内容也就越容易成为你的知识储备。有了输入输出，信息和知识才能流动，做事的效果会截然不同。

这里提到的总结与输出，具体是什么形式呢？总结，是指在阅读的过程中，将自己认为的重要内容，自己的共鸣与感受，对自己有用或是自己感兴趣的相关信息记录与整理，形成一个文档。这个文档最常见的形式，就是读书笔记。输出，是指将书的内容整理后形成自己的观点或内容，然后根据不同的需求写成帖子或文章、做成插图、制作音视频等形式，或是分享讲述给他人。这个步骤与阅读相对应：阅读是向内输入的过程，而写作是对外输出。

简单说，如果自己能在阅读过程中及读完书后整理出一份读书笔记，还能在阅读结束后对外输出一篇阅读心得，那么你在读完这本书后，就拥有了两个很具体的“资产”。

而最棒的一点在于，阅读输出的练习，会增强你的阅读输入能力，也就是提高你的阅读效率。它们的关系有点像存钱与投资。一开始你只是存钱，然后把存下的钱用于投资，本金远大于投资的收益；但随时间的累积，你的投资收益会增长得越来越快，并在某一天彻底超越本金的储蓄。

另外一种对自己更有帮助，更有价值的输出，则是应用与实践书中的内容。当你阅读完一本关于理财知识的书籍后，整理关于这本书的读书笔记与阅读心得固然是很好的输出，但更能体现阅读价值的行为，是实实在在地根据书中的建议，创建并执行自己的理财计划。

这一章将详细讲述阅读后总结与输出的几种形式，读完书最基本的总结形式是读书笔记，我们先从它开始。

5.2 读书笔记的使用原则

5.2.1 读书笔记是给自己整理的阅读数据库

关于读书笔记，最重要也最容易被误会的一个原则就是：读书笔记是给自己看的，不是也不需要是完整的文章。读完一本书后，首先应该先整理出读书笔记，然后才会有其他形式的输出。举个例子，读书笔记是你的菜品仓库，你写的书评文章只是做出的一道菜。你可以做很多道不同的菜（文章、微博、视频、播客、培训等），但它们的原料都来自读书笔记。

5.2.2 读书笔记中的信息是模块化的

读书笔记的内容应该是卡片化或是模块化的，就像乐高积木一样，你可以根据自己读书时的理解随时添加与更新模块，各个模块之间不会互相影响。你可以添加一个模块，记录新的内容和感受，并加上时间标签。当你复读一本书时，这种习惯就非常有用了。

1. 检查、回顾与更新，发挥读书笔记的最大价值

我们在学生时代学习某门课程时，可能写下非常详细的笔记，但在几年之后，就几乎记不起该课程的内容了，这是因为缺乏回顾。读书笔记也是一样，如果记录整理了很详细的读书笔记，之后却从来不看，那么阅读学习的效果也会大打折扣。我们读过一本书，却很难想起这本书讲了什么内容时，就应该查看与回顾当时所整理的读书笔记了。

2. 摘记和概要是读书笔记的基础部分

在整理读书笔记时，摘记、概要是两个不能缺少的必选部分。如果读完的这本书属广度阅读的范畴，或是时间特别有限，只需整理出摘记，写下自己的概要就可以了。如果时间相对充裕，你可以将其他补充信息添加到笔记里，或是绘制相应的思维导图，以图像化和结构化的方式更清晰地分解书中的知识和信息。如果是以最简化的方式整理读书笔记，通常 10~20 分钟，就可以整理好。如果要添加其他内容，通常也在 1~2 个小时内就可以完成。

3. 给每本书创建一个唯一的笔记文档

可能你喜欢实体的本子，喜欢用笔写读书笔记，可以专门用一

个本子做读书笔记，最好使用活页式的笔记本或便利贴，这样便于增删整理。从管理与添加的便捷角度来看，更建议将读书笔记电子化，可以用你熟悉的云端笔记软件，如 Notion、Onenote 或是 Evernote 等进行读书笔记的管理。这样需要查看关于书的信息时，甚至用自己的手机就能完成。

每本书单独建一个文档，把所有的摘记、概要、导图和补充信息都存到这个文档里，当要应用书中内容或是查阅知识时，在这个文档里就可以找到需要的所有内容。这个文档，就是你对这本书创建的自制数据库。

5.3 读书笔记的形式

读书笔记通常包含以下部分：摘记、内容概要、个人感受记录、视觉笔记、思维导图、相关文献资料、图片或视频。接下来我们详细逐项说明。

5.3.1 摘记

这是读书笔记最常见的形式。很多人阅读时都会将书中觉得重要或是精彩的文字勾画出来，摘记就是直接把原书中你标记的文字摘录到你的读书笔记中。这也是整理读书笔记的基本步骤。

这个时代大家阅读的载体已经有很多选择，可能是纸质书或是电子书，也可能是通过有声书的方式收听。如何进行摘记最为高效呢?

1. 统一存放摘记内容

不论阅读什么形式的书，第一个原则，也是最重要的原则，就是将摘记内容统一存放，最好以电子化的方式存放。摘记的材料属于阅读时最原始的反馈信息，把它们电子化，也就是以文档的形式存到电脑、手机或是云存储里，才会被活用，成为对自己有用的知识数据。当然这也不是唯一的选择。如果你喜欢用纸质笔记本随时查看信息，并且习惯用纸笔书写的方式记录，也可以用一个专门的阅读笔记本做读书时的摘记与笔记。

2. 用自己的关键词总结

第二个原则：摘记时除了将原文摘抄到读书笔记文档，也应该用自己能够理解的关键词进行总结。这样可以帮助我们加深对摘录内容的理解，而且更方便查阅。使用电子文档工具进行摘记时，可以用自己总结的关键词作为标题，再将摘抄的内容放到后面。这样在查看摘记内容时，就能更快找到。

我在摘记时使用 Notion 进行记录，会更进一步：我会将摘记总结的关键词创建为一个可以折叠展开的菜单，将摘记的内容放到菜单里。整理完摘记后，我会将摘记的菜单词条都设置为折叠状态。在回顾读书笔记时，我会先看一眼某条摘记的标题，然后回忆这条内容是讲什么。如果没什么印象，我就点击菜单的小三角，把这条摘记的内容展开查看并复习一下。如果能够回忆起来，就跳到下一条摘记。这种方式，可以增加信息对大脑的刺激，让你更加容易记住书中的内容。

对于使用亚书逊 Kindle 阅读电子书的用户，一个名为 Readwise 的付费应用可以帮助我们更好地复习阅读摘记。Readwise 会自动读取你阅读时，在 Kindle 上做的摘记，随机选出 5 条，每天给你发一封邮件。这样每天你只需要查看一封邮件，就可以回顾以往阅读的摘记。Readwise 前 30 天免费，之后每个月收费 4.49 美元。

3. 纸质书的摘记

阅读纸质书时，可以在阅读时用标记笔直接在书上划出高亮，读完全书后，再用手机上的 App 拍照并转成文本。可能很多朋友在阅读纸质书时，喜欢用笔在需要摘记的文字下面画线。如果想要通过文字扫描识别的方式将摘记电子化，不推荐画线的方式。这会增加文字识别的难度，一些文字识别 OCR 的软件在识别有画线的内容时，会出现较多错误。使用荧光高亮笔，则没有这个问题。

另外，也可以直接用打字录入电脑的方式摘记纸质书中的内容。使用软件识别速度快，但对于书中内容的理解可能会弱一些；打字录入会慢一些，但会记忆得更深。我个人倾向于先快速地摘记，之后再用其他方式巩固和加深记忆与理解。

如果阅读借来的书，不方便直接在书上进行涂写，可以使用便利贴帮助记录读书笔记。使用便利贴写下关键词，贴在想要摘记的部分。读完全书后，可以根据便利贴的内容快速找到需要摘记的部分，再使用上面提到的方式进行摘记即可。便利贴和荧光笔的具体应用技巧，可以参考本书第三章的内容。

4. 电子书与有声书的摘记

阅读电子书时，只需把你觉得要摘记的内容选择并复制到文本文档中即可。

收听有声书进行摘记相对要麻烦一些，因为目前并没有完美的音频、文字同步的服务。虽然亚马逊和 Audible 有 WhisperSync 的功能，可以在你购买了 Kindle 电子书和同本书的 Audible 有声版之间同步阅读进度，但也并不能提供摘记功能。所以有声书的摘记仍然需要用手动记录的方式，也可以使用智能录音笔等工具进行摘记，具体请参考本书的第五章内容。

5.3.2 概要

概要，就是对一本书内容的基本总结。每本书都会有一个官方的简介，这是你在确定是否阅读这本书前一定要了解的信息。而我们说的概要，是指你自己的总结，也就是说，你需要用自己的话，将这本书的内容进行简要描述。

在已经整理好的读书笔记里，概要是第一部分。关于概要，最重要也是最关键的一点就是：你得用自己的语言写。如果是虚构类的书，可以写情节和主题的概要；如果是非虚构类的书，可以写结构、主题和重要概念的概要。除了内容概要之外，还可以记录个人感受和体会的概要。同样要注意简洁明了，不用太讲究词语句式。

为什么要做这个步骤呢？每本书都有一个正式的概要，为什么还要劳心费力自己写一个概要呢？因为这是将书中的知识转化为你的知识的必备过程。还记得伦敦司机大脑中粗壮的海马体吗？你主动练习得越多，对于某种技能的掌握就越深。当你用自己的语言去组织词汇，描述一本书的内容时，你的思考状态是主动的，这要比被动地接收信息难很多。这样的锻炼后，你对于书的印象，一定会更加深刻。

在写作概要时，可以分三步进行。第一步是先写这本书的基本内容简介，不掺杂自己的感受和体会。你只需要写这本书是讲什么的，就可以了。第二步是写自己的感受，以及书中的内容对自己有什么样的启发和帮助。第三步，是写自己可以如何运用书中的知识或内容到生活或工作中，也就是如何进行应用。

写概要时，不用担心自己写得不好，不如书的那个官方的简介写得准确。没关系，这是你自己的概要，按你的理解写就好，关键是一定要用文字的形式写。这样首先可以保证其可靠性，不会受时间影响而淡化记忆；其次，文字必须有逻辑支持，写的过程会强迫你用一定的逻辑思考。如果你能写出清晰的概要，那么通常你也能清晰地讲述这个概要。

5.3.3 视觉笔记

某些书的内容和结构，可能使用线性的文字描述比较复杂，而使用图表的方式总结会非常清晰。比如历史类的书籍可以通过时间线、地图总结；传记类的书籍可以通过人物关系表或是时间线总结；软件应用或是教程类的书籍则可以通过流程图总结。这些以视觉化形式记录与整理书中信息的方式，都可以统称为视觉笔记。

视觉笔记是将输入的内容进行归纳整理后视觉化输出的一种表达方式，简单来说，就是用一页纸的篇幅，将一本书的要点，通过绘画的方式记录与呈现。这种方式更有助于理解复杂的知识架构与信息。如果对于这种笔记形式感兴趣，可以阅读其他专门讨论视觉笔记的书籍，比如《一页纸工作整理术》《一页纸创意思考术》《涂鸦笔记》等。

5.3.4 思维导图

绝大部分书籍也可以通过思维导图的形式整理其知识点或是信息架构。绘制思维导图是一种非常好的输出与实践的方式，虚构非虚构的书都可以用思维导图梳理。整理思维导图不但可以让你快速地梳理出全书的知识结构，也能很好地锻炼你的总结与归纳能力。

制作思维导图有很多专门涉及的教程，我就不在这里详细介绍了，可以通过纸笔手工绘制，也可以使用一些软件，比如 Mindnode、iMindmap、Mindjet、OmniGraffle、Visio 等程序绘制。

如果想深入了解和学习思维导图，可以阅读其发明人安东尼·博赞著的《思维导图》一书。

5.3.5 相关资料与链接

阅读某本书时，可以将任何你觉得与该书内容有关的资料与链接，都补充到读书笔记里。比如豆瓣、Goodreads 上关于这本书的介绍页面链接；也可以是作者的信息、相关书籍信息、书中涉及概念的深入阐述等。只要你觉得和书有关，都可以作为补充信息，添加到读书笔记里。书籍通常都会有很多涉及的知识点、概念，或是事件、人物等，如果你对某些部分感兴趣，也可以进行检索，将收集的信息添加到读书笔记里。

收集与补充相关资料信息时，在电子式的读书笔记操作是最容易的。如果你是使用纸质本子写读书笔记，信息补充会麻烦一些，比如相关链接的地址，就不太容易记录。

如果你补充信息的内容是网页，那么最好用链接保存到文档里。因为这样其内容如果更新，你通过链接可以查看最新的内容，还可以让你的笔记文档更简洁清晰，容易管理。如果担心保存的链接今后无法访问，也可以直接将内容拷贝粘贴到读书笔记的相关资料部分。

5.3.6 图片或视频

很多书除了文字比较重要，涉及的图片也很重要，比如设计类书籍中的作品案例、艺术类书籍中的作品展示，或者某些技术专业类书籍中的图表。这些图片也可以保存在读书笔记里。电子书可以通过在阅读界面截屏获得图片，纸质书则可以用手机拍照或扫描获得。

5.3.7 读书笔记示例：《失控》

我在 2013 年首次阅读了中文版《失控》，并于 2018 年再次阅读了英文版。下面用这本书为例，说明我是如何整理非虚构类书籍的读书笔记的。

第一部分是关于书的基本信息，包括封面，书名，出版社，阅读时间等等。这一部分是固定格式，直接填写即可。

第二部分就是概要，其中有 Goodreads、亚马逊对于这本书的简介，而更重要的是我对书内容的描述，也就是我自己写的概要。

第三部分是简评，也就是我对这本书阅读之后的一段简单评价。

通常，我的评价就是一百字到几百字。这本书因为阅读两次，所以有两次评价。

第四部分是摘记。同样也有两次阅读的不同摘记。我的英文摘记篇幅不长，但中文摘记却很多。这是因为我 2013 年第一次阅读时，摘记抓重点的能力还有限，所以摘抄的部分特别多，显得更冗长。摘记因为是电子形态，所以长短其实没有太大关系。

第五部分是相关链接。我将 Goodreads、亚马逊和中文维基百科的链接添加到笔记里，另外还有两篇我觉得比较有价值的网文链接。

第六部分是补充的文本。我在 2015 年录制了一期关于《失控》的播客节目，这是当时准备的文字稿。这次整理读书笔记时，我将这份稿子也贴到笔记中。至此，我的笔记整理暂时完毕。

从这个例子可以看到，读书笔记的整理是一个动态的过程，可以不断更新。另外，它的形式也可以很个人化，甚至很原始，不需要进行排版之类的美化。因为这是你阅读完一本书，输出的第一份原始材料，它是以后其他输出的基础。

假设我某天要进行一项培训或是有一场演讲，需要用这本书的观点或论据支持；或者要写一篇文章，甚至是凯文·凯利来到我的城市有一场公共活动，我想和他有更进一步的交流。而阅读《失控》这本书，已经是几年前的事情，我几乎一点都想不起这本书讲了什么。这时，这份读书笔记就可以帮上大忙。10 分钟的回顾，我就可以重新拾起对这本书的思考与见解。这样整理的读书笔记，可以使用一辈子。

5.3.8 总结

读到这里你可能会想：读书笔记要有那么多内容啊？那得花多少时间？根据书与个人的情况，整理读书笔记的时间各有不同。如果真碰到好书，多花点时间做读书笔记还是很值得的。钱锺书先生就说过，他经常花掉阅读原书数倍的时间来做读书笔记。我个人的经验是，一份读书笔记通常需要 1 小时左右，或者为读书时间的 15%~30% 比较合适。我建议读完任何一本书，至少能有一些摘记和一份自己写的概要，作为基本的读书笔记。这其实花不了多少时间，也就是十几分钟而已。

整理读书笔记的时间与形式，还是要看具体是什么类型的书籍，对于方法论的书，最好能整理一套适合自己应用到工作或生活中的行动事项。消遣小说或是文化读物简单的评论即可。如果是觉得会对自己的人生带来很大影响的书，可以尽量多花些时间整理读书笔记。这也是主动拆解书中的知识，变为自己知识的必备过程。

有了读书笔记，我们阅读后的总结就完成了，之后是对阅读的输出，也就是撰写阅读心得、书评文章、录制视频，或是讲述与实践。

5.4 检验阅读效果的最佳方式：费曼学习法

5.4.1 “我明白这个，我只是不知道怎么表达”

你可能在生活工作中遇到朋友或同事这么说过：“我知道这个概念，只是不知道怎么表达。”或者，你也有过这种情况。美国哲学家莫蒂默·阿德勒说过一句话，冷静地揭露了背后的事实：“说他知道自己在想什么但不能表达的人，通常不知道自己在想什么。”

读书也是这样。我们阅读完一本书，做了详细的摘记和读书笔记，在阅读的过程中频频点头，但读完之后，你可能仍然说不清楚这本书具体讲了什么，或是很难用自己的话去解释书中的一些原理和概念，这其实就是还没理解这本书的内容。诺贝尔奖获得者，物理学家理查德·费曼曾经用一个关于画眉鸟的例子，阐明了知道某件事物名称和理解它之间的区别：

“看到那只鸟了吗？这是一种棕喉画眉，但在德国它被称为halzenfugel，在中国它被叫作“Hua Mei”。即使你知道所有这些名字，你仍然对这只鸟一无所知。你只知道人们管它叫什么而已。画眉会唱歌，会教它的孩子飞行，夏天它会飞到很远很远的地方，这些是怎么做到的？你并不知道。”

作为一位在量子力学和粒子物理学等领域做出重大贡献的物理学家，费曼学习并精通的领域多得让人吃惊：他自学过密码学，破解过曼哈顿计划的绝密材料；他的打鼓演奏水平让印第安人以为是自己的原住民同胞在演奏；他的绘画在隐藏作者信息的情况下，在画廊售出比专业画家还高的售价。如果费曼像漫画人物一样，有某种超能力，那么“能够学习并精通任何领域”就是他的超能力。他总结出一套四个步骤的学习过程，可以帮助我们学习并理解任何主题。我们先了解这套方法，再看看如何将这套方法运用到阅读书籍的实践中。

5.4.2 费曼学习的四步骤

1. 选择一个概念来学习

选择一个你有兴趣了解的主题，并将其写在笔记本的空白页顶

部。选择一个概念研究会迫使你有意识地了解你不知道的东西，还迫使你选择一个足够小的主题，以便可以合理地放在一页纸上。

2. 将这个主题解释给别人（或是自己）

在笔记本上你写出对这个主题的所有了解，就像你在向自己解释一样，或者也可以向别人讲述你的理解。一个典型的学习错误是读完一本书或是一篇文章，就认为学习已经完成。实际上，阅读并不是理解，真正的理解需要更积极的过程，比如向别人或是自己讲述。不用看笔记，用自己的话写出这个主题或是概念的摘要，你会发现自己可能并不理解原来以为已经掌握的东西。

3. 如果遇到困难，请返回原材料

回到你正在学习的材料，比如书籍、课程或是视频，填补你的知识空白。学习应该是迭代的。通常情况下，学习某个主题都需要多次尝试。在费曼技巧中，返回原材料是学习过程的一个明确部分。当我们的知识出现差距并且我们的解释不太正确时，重新审视我们的学习材料可以帮助巩固我们正在学习的知识。

4. 简化您的解释并创建类比

精简你的笔记和解释，进一步澄清主题，直到它看起来很简单。另外，创建类比来帮助更好地理解和回忆。每个领域都有自己的专业术语。虽然了解这些术语很重要，但更重要的是真正理解它们，并且能用简单易懂的方式或是类比来解释，比如在生物学领域，“线粒体就是细胞的发动机。”

用费曼的原话总结，就是“如果我无法将某个概念用小学生能理解的方式讲清楚，就意味着我真的不了解它。”

5.4.3　将费曼学习法运用到阅读之中

我们读完一本书，通常就认为学习已经完成。实际上，阅读并不是理解。读完一本书，只是完成了学习的第一步。书中的知识可能已经部分被你的大脑理解，但可能还没有和其他知识建立有效的连接。甚至，大部分书中的知识读完书之后还很模糊。但只要你理解学习的真相，就不会太惊慌：学习本来就是迭代的，需要多次尝试。我们在阅读完一本书之后，可以进行下面的步骤：

1. 不查看原书，写下该书的主题和概念

打开笔记本的空白一页，写下这本书的书名，然后依次写下这本书所讨论的概念和主题。不要查看原书，如果想不起具体的概念，也没有关系。

2. 用自己的语言讲述该书主题

不看原书，凭借这一页该书的基本信息，用自己的语言讲述这本书的主要内容。假设在向朋友介绍刚读过的这本书，你会如何讲述？如果只是模糊记得一个概念但并不能用自己的语言解释，就标注一个问号。

3. 查看原书并重新去理解不准确的部分

打开原书，查看你标记的那些无法解释的概念或是主题，重新理解它们，然后把新的理解写到你的笔记本上。

4. 简化自己的主题并寻找合适的类比

查看你的笔记，将解释简化，删掉不影响理解的部分；然后寻找恰当的类比方式，将类比的例子记录下来。如果你喜欢以视觉的方式学习，可以试着挑战一下自己：能不能用一个简笔画表达某个概念或是主题？

就我的经验来说，没有必要对每一本书都使用这种方式进行学习，有的书不值得花太多的时间进行整理和总结。但如果你已经明确自己的专业领域和方向，也知道自己阅读的这本书属于该领域很重要的著作，那么多花一些时间和精力整理一份费曼式主题笔记，是非常值得的。

费曼学习法是将书本知识转化为自己的知识储备的好方法。一旦你养成使用它学习的习惯，知识就会成为你可以运用的强大工具。

第六章

互联网时代的黑客式阅读

6.1 如何高效阅读有声书

6.1.1 将“暗时间”转化为有效阅读时间

不论是学生、职员或是自由职业者，每个人一天的时间中，都有一些比较碎片，不太需要用脑的“暗时间”，有的事不得不做，但在做事的同时，其实还有富余的注意力与精力。上下班的通勤时间、排队等待的时间、做家务的时间，甚至一些技术要求较低的工作时间（比如整理文件），都属于这类“暗时间”。它们的数量还可能很大：北京居民单程平均通勤时间为52.9分钟。现代人每天花2个多小时在通勤路上很常见，加上其他碎片时间，我们一天可能有3～4小时的“暗时间”，是花在价值较低的事务上的。

一方面是3～4小时的“暗时间”，另一方面是没有时间阅读书籍的普遍问题。如果能将两者平衡，将暗时间加以利用，那么在不影响工作与休息的情况下，你就可以增加阅读量，将低价值的“暗时间”转化为高价值的阅读时间。而具体的方式，就是通过有声书进行阅读。

6.1.2 如何选择适合自己的有声书

1. 选择有声书的两个基本标准

有声书与纸质或电子书相比，特点在于它的线性化。虽然传统的书也是以线性方式书写的，也大都鼓励读者按顺序阅读，但我们在阅读时，却不是那么线性。读到难懂的地方或是自己感兴趣的部分，我们会放慢速度，还可以重新回头读一些段落；读到简单或是不感兴趣的篇章，我们会加快速度，也可能略过跳过一些内容。阅读过程中，你也可以随时跳到其他章节。而有声书就不一样了，它的特点是线性化，以基本一致的速度进行播放，目前也不太容易在收听时快速跳跃到其他篇章，或进行快速的检索。

在选择有声书时，不论是虚构还是非虚构类的书，可以按两个标准进行筛选：

①语言尽量符合口语表达的习惯，以第一人称讲述更佳。

②书的内容结构不是强关联，各章节之间的逻辑联系不强。

如果是虚构类有声书，适合收听有声书的标准可以简化为：这本书是不是一个好的故事？如果是，那么它天然就适合用有声书的形式阅读。因为“听别人讲故事”这个行为已经在我们的DNA里数万年了，但有的故事适合用耳朵听，有的却不一定。

举个例子，日本作家梦野久作的长篇推理小说《脑髓地狱》号称日本三大推理奇书之一，结构不像一般小说分为多个章节，全书的所有情节、场景交换以及人物的回想之间皆无明显分隔。日本著名推理小说家横沟正史曾表示，读完《脑髓地狱》头脑朦胧想要自杀。这种虚构类书籍，虽然也是故事，但明显不适合用收听方式阅读。

而Audible畅销榜前列的虚构类有声书《玩家一号》，就非常适合收听阅读。它的语言非常口语化，故事主线很清晰，角色也非常鲜明且数量不多。所以这也是选择虚构类书籍的标准：口语化、主线清晰、角色鲜明且关系清晰。非虚构类书籍，自传、纪实类、新闻类、社会科学类、历史类题材都很适合用有声书收听，比如施瓦辛格的传记《全面回忆》，格拉德威尔的《异类》和《逆转》，大前研一的《创新者的思考》，都很适合用有声书的形式阅读。

有的非虚构类书籍虽然题材比较晦涩，但作者讲故事的本领很强，比如尤瓦尔·赫拉利的《人类简史》。这种书用听阅读就很容易。但一些国外引进的书籍，翻译得是否流畅，也决定这本书是否适合收听。有很多译本阅读起来就磕磕绊绊，听有声书就更难懂了。

有一个小技巧可以作为选择非虚构类有声书的参考：找到自己感兴趣的书，然后找其中一两段文字（你可以在亚马逊或是豆瓣上找到试读的章节），自己小声朗读，如果觉得朗读通顺舒服，就可以考虑用有声书的方式收听阅读。

2. 选择合适的朗读语速

选择有声书时，选择语速适合的朗读也很重要。前面提到的中英文有声书资源，基本都提供试听。你可以先听一段，感觉分辨朗读的音质、语速是否适合自己。这一点对于英文有声书特别重要，因为在英文有声书领域，朗读者相当于演出者，对书的质量影响不亚于作者。

适应标准语速之后，可以试着调快语速，这样单位时间内获得的信息量会更多。如果是非母语（例如英语），也可以在开始设定为慢速，稍后逐步升级为正常语速，甚至再提速。如果你能慢慢适应1.5倍速，就相当于阅读速度提升了50%。顺便说一点：盲人经过训练通常都可以适应3倍速的语速读屏，相当于每分钟近800字，这速度不亚于经过速读训练的正常人！

加快倍速收听有声书，和采用速读法阅读纸质或电子书一样，是一种快速获取信息的方式。一些朗读风格鲜明，或是具有沉浸式收听体验的书，使用倍速阅读可能损失一些阅读的乐趣，但习得这样的能力，可以让自己有更多的选择。

6.1.3 收听有声书的注意事项

1. 找到符合自己的收听场景与时间

阅读有声书，首先要找到符合自己的收听场景。每个人情况不同，状态不同，适合听有声书的时段与场景也各不相同。上班族可能有大量的时间用于通勤，学生会有一些独处或运动时间，找到自己最适合听书的时段，设定为有声书的阅读时间。听书时间不宜过长，通常30分钟左右就差不多了；或者可以根据播讲的情况，以章节为间隔。我的经验是，10~15分钟比较容易坚持，可以先从较短的时间开始。

举个例子：我发现我在走路的时候，非常适合听有声书，注意力也容易集中；但当我可以坐下来，我的思维就不容易集中，这时候阅读电子书可能是更好的选择。关注自己的日常活动与注意力状态，你也能找到最适合自己的听书时间。

收听开始时，可以先用几秒钟自我激励：想想读完这本书时的自我成就感，完成自己目标的喜悦。点燃自己的状态，这 1 分钟可能让你对接下来的阅读跃跃欲试！

收听过程中，最难的还是保持专注。通勤路上的朋友，一定要注意周围的安全（不要一边骑车一边听书，很危险的）！如果注意力飘走了，可以继续，也可以倒回去，我个人的习惯是不管它，继续。听完一整部书后，你获得了全书的知识，这也能弥补具体章节没有听懂的问题。

2. 避免干扰

收听有声书时一定要排除干扰，特别是手机上的弹出提示！如果你查看了任何一条提示，至少还需要两倍以上的时间恢复之前收听有声书的状态；如果你回复一条微信信息，基本上阅读就被彻底打断了。我们可以将有声书的章节设置为一个结点，听完一个章节后，简单整理自己对这一章内容的理解，然后再去处理其他的信息与事项。

3. 提高有声书的收听量

要提高有声书的收听量，可以从两个方面入手：一是保证每天的收听时间；二是训练自己慢慢适应较快的语速。

做一个算术题：如果每天听 30 分钟书，按中文朗读的标准速度 250 字每分钟计算，30 分钟可以收听 7500 字，13 天就可以听完一本 10 万字左右的书，一年就是 28 本书。这样的阅读量已经超过 99% 的人了。

有声书平台 Audible 就有每天收听时间的统计，可以帮助查看自己的阅读进度，更好地培养自己的阅读习惯。另外微信听书也有每天 90 分钟的免费收听时间，如果能把这个时间用好，阅读量也非常可观。

如果你已经养成每天收听有声书的习惯，可以在适应标准语速之后，试着调快语速，这样单位时间内获得的信息量会更多。如果是收听非母语的有声书（例如英语），也可以在开始设定为慢速，稍后逐步升级为正常语速，甚至再提速。如果你能慢慢适应 1.5 倍速，就相当于阅读速度提升了 50%。

6.1.4 如何进行有声书的摘记与输出？

1. 对有声书进行摘录

听书最大的劣势是无法直接摘记书中的内容，但这恰恰也可以是它最大的优势：你可以根据自己的理解，用自己的语言写摘要。正如前面章节分享的，用自己的理解写的摘要，是读完一本书最重要的资产。为了记录更多的细节，还可以以章节为单位：听完一章，就写下或是录下自己的简短概要。每次听完一个章节记下摘要后，记得给自己一点小奖励：听首自己喜欢的歌，吃块零食，或是喝杯咖啡。你越享受整个过程，就越容易坚持下去！

我在收听有声书时，会在听完一章内容之后，打开一个笔记App，然后用Siri语音输入的方式直接记下自己对这章感兴趣的主题内容或是案例。这样我就有了一手的素材。收听完全书后，我会将所有的笔记整理，形成自己的读书笔记，也会使用录音笔记录。

2. 先标记，再统一整理摘记与笔记

如果是使用Audible等有声书收听的App，可以在听到相对重要，觉得有必要做笔记的段落时，用软件的标签功能打一个书签；阅读完一个章节或是阅读完整本书后，可以集中进行整理，可以再

听一遍加了标签的内容，确定值得记录，就使用自己的语言，写下概要；可以使用纸质本子整理笔记，也可以使用电子式的文档，在电脑端进行录入整理。这样可能多消耗一些整理笔记的时间，但效果是非常值得的。

3. 借助工具将标注的语音自动转录为文本

如果想要整理出精准的摘记内容，便于使用，也可以使用下面的阅读黑客技巧，将你标注的语音通过电脑整理成可以检索的文本内容：

①阅读时使用有声书软件中的书签工具，对想要摘录的内容进行标注（各款有声书软件的功能不同，需要具体尝试）；

②阅读完毕后，使用有声书软件顺序播放标注的内容，同时使用电脑录制；

③将电脑录制的声音文件上传至讯飞语音（需要注册账号及充值）进行语音转文本；

④下载文本文件，即获得可检索可编辑的读书摘录文档文件。

4. 有声书在阅读完后如何输出

如前所述，听完每一章后写下自己理解的概要，读完全书整理总概要，即可写出自己的读书笔记。如果过程中有遗忘或是觉得需要补充的，写读书笔记时可以上网查询，这样的效果更好。有些朋友可能觉得有声书吸收效果有限，不太可能很好地输出。这主要取决于阅读时是否专注，是否能在阅读时整理概要，是否能在总结时查阅相应的资料。

另外，听完有声书后，最容易进行的输出，就是讲给别人听。收听有声书是声音转换为信息的方式，讲述是信息转换为声音，这个过程比书写更加自然，也更节约时间。如果习惯这样的练习，你的表达能力、对书中内容的理解力、记忆能力、总结能力、逻辑思考能力都会得到很大提升。

6.1.5 中英文有声书平台与资源

有声书在美国最为发达（由于长时间通勤的汽车文化与英语本身的语音特性影响），就像漫画在日本最为发达一样，这也使很多英文有声书制作水平极高（比如由维尔朗读的《玩家一号》，表现水平不亚于同名电影大片）。2017 年仅美国就制作发布了 80000 本有声书，加上其他英语国家，基本上你在任何书榜上看到的虚构或是非虚构类书籍，都已经有专门制作的有声书版本了。

中文有声书目前并没有类似 Audible 这样的最权威选择，各个有声书平台比如微信听书、懒人听书、喜马拉雅 FM 等等都各具特色。一些读书平台可以通过智能引擎合成语音，朗读效果也能达到传递信息的目的。读者如果有已经下载的书籍文档的话，还可以使用讯飞有声应用程序自制有声书。

1. 中文有声书资源

静雅思听

静雅思听成立于 2007 年，有网站和 App，其中文有声书制作水平较高，但 App 和网站的用户体验很差。静雅思听的内容偏人文社科类，有图书和短文。付费机制是会员付费，初级会员、高级会员、vip 会员，非会员用户可免费阅读短文资源，图书资源可听部分。

喜马拉雅 FM

喜马拉雅 FM 有大量声音爱好者自发录制的有声书资源，水平参差不齐，需要进行一定的筛选，但也有很多优质的资源。喜马拉雅 FM 内容覆盖度很高，更有许多接地气的娱乐性的内容，属于老少咸宜的阅读平台。

懒人听书

懒人听书是一款听书软件，有手机端 App 和网页版，拥有海量小说、评书、娱乐、教育、广播剧、资讯、电台节目等正版有声内容，书籍资源非常丰富。

微信听书

微信听书是微信官方出品的听书应用，可以免费收听有声小说、书籍和各类音频节目。目前每天可以免费收听 90 分钟的有声书。

微信读书

微信读书也算有声书么？是的，一方面微信读书中有“签约讲书”的版块，提供很多书的真人播讲版，效果也很不错。另外因为微信读书内置了语音引擎，可以支持将其中的文字类书籍使用电子语音的方式朗读。微信读书 App 电子语音朗读是纯机械发声，声音很死板，适合快速获取信息；优点是只要有电子书，就可以选择发声朗读，不需要再购买有声书的版本。

讯飞有声

如果你已经有可以复制的书本内容文本，还可以通过讯飞有声手机应用程序的人工智能语音生成自己定制的有声书。

需要提醒的是，好的内容不论是有声书，网络课程或是经验分享，大多是需要付费的。如果你使用的是纯免费的产品，那么你可能就是人家的产品。上述的渠道，其有声书资源或多或少都需要付费。

2. 英文有声书资源

英文有声书的市场，基本是 Audible 一统江湖。除了 Audible 之外，还有其他一些平台与软件推荐：Nook Audiobooks、Audiobooks Now、OverDrive、Downpour 和 LibriVox。

一统江湖的 Audible

Audible 是目前世界上最大的有声书制作与销售商，目前有 15 万本书的资源，而且还在不断增加。Audible 的书可以单独购买，通常在 15~30 美元一本，也可以通过订阅制，每月 14.95 美元，可以下载任意一本有声书。

Audible 的有声书制作质量很高，经常会请名角朗读（比如《绝命毒师》里的“老白”沃尔特·怀特这样的骨灰级演员献声；平台上也有很多作者亲自朗读的有声书）。从用户体验的角度来看，Audible 做得也非常好。虽然一本书读下来不便宜（通常在 10 ~ 15 美元一本），但长远看，这样的投资既收获了阅读量，又练习了听力，比用同样的钱买单独的听力材料要划算得多。Audible 上的英文有声书会单独注明播放时长，便于你规划时间。如果养成长期收听的习惯，可以考虑购买包月的会员，这样第一本书是免费的，后面每本书收费 14.95 美元，比较划算。一本书平均 20 小时左右读完，如果每天的通勤时间够长，一般一个月就可以听完一本英文书。

但如果你觉得订阅费太贵，或是只能在 Audible 中使用比较受限，还有下面的五种选择。

Nook Audiobooks

Nook Audiobooks 属于美国老牌出版商 Barnes & Noble，一直是亚马逊的竞争对手。Nook Audiobooks 平台目前有 50000 本以上的有声书供选择，采用直接销售有声书的方式，适用于安卓系统。

Audiobooks Now

Audiobooks Now 有安卓和 iOS 版的 App，目前提供 80000 多本经典和畅销有声书，订阅月费低至 5 美元，用户体验比较一般。

Downpour

Downpour 提供了大量没有 DRM 限制的书，可以供用户更自由地分享和使用下载的书。App 的用户体验也很不错，有章节、书签、闹钟、后台下载等功能。缺点是价格较高，其订阅费 13 美元一个月，已经和 Audible 差不多了。

OverDrive

OverDrive 是一个针对图书馆系统的应用程序，简单说就是：可以免费借有声书你只需要有一张图书馆的借书卡或是学生卡。它也支持跨设备同步，你可以在不同的设备间切换收听。缺点就是选择有限。另外 OverDrive 最近更新了一个新的手机端应用程序 Libby，可以提供更好的用户体验，目前有 26000 多本有声书，也是全免费！其中的有声书质量非常高，比 Audible 的版本一点不逊色，同样是使用图书馆卡登录，可以免费借阅。

LibriVox

LibriVox 是一个真正的免费有声书平台，有大约 15000 本公共版权的有声书可以借，但要注意的是所有的有声书都是由志愿者录制，水平和质量参差不齐。

如果刚开始收听英文有声书，且有支持 OverDrive 系统的图书馆借书卡的话，可以先试试 OverDrive 或是 Libby 的免费有声书，其他情况，都优先推荐 Audible。虽然 Audible 的一本有声书售价的确不便宜，但如果你真的听完并听懂一本英文有声书，收获的价值是远超过书的价格的。

6.1.6 有声书的局限性与适用范围

硅谷的明星投资人，也是以深刻洞见闻名互联网界的纳瓦尔·拉威康特曾在自己的推特上说：“用听书代替读书，就像用喝而不是用吃的方式摄取蔬菜。”他的意思是，有声书虽然可以让我们更快地汲取书中的知识与营养，但不可避免地，还是会有很多有价值的营养会因为这个过程而流失。

我在阅读了上百本中英文有声书之后，发现有声书很合适作为广度阅读的主要方式。收听有声书，可以尽量选择一些相对较宽领域，有助于拓展我们认知世界的书。另外，千万不要有追求完美，想要100%抓住全书所有精华的打算，有这种高要求，往往无法坚持收听完一本有声书。收听有声书就像在森林中漫步，体验与感受全书的内容之余，能够有几个值得记住的高光时刻，就已经很有收获了。如果读完一本有声书，发现其内容非常有价值，那么不妨再收听一遍，或是找文字版重新阅读。

6.2 如何高效阅读英文书

6.2.1 为什么要阅读英文书

阅读英文原版书的好处非常多，首先你可以绕开翻译版，直接感受原著的魅力。目前很多翻译的著作，翻译水平都差强人意。如果你能阅读原版书，就可以感受更多的信息与乐趣。

其次是即时，现在购买和获得英文书的渠道很多，如果你有阅读英文书籍的能力，就可以第一时间获得与世界同步的资讯。

然后，完整读完一部英文书，可以让你比阅读短篇文章获得更全面的知识，从而真正将知识与信息转化为自己的体系，而不只是获得琐碎的谈资。如果你能沉下心读完一本英文原著，不但对自己的信心提升很有帮助，而且还有助于让你保持专注力，这是要想做成任何事情的一个重要品质。

最后，阅读英文书可以真正有效地打磨你的英语技能。这项技能在现在的全球多元化时代变得越来越重要，它甚至可以提升你的应试能力。如果你是一名学生，在高一、高二就已经积累了一些英文原著的阅读经验，那么高考的英语对你来说一定很轻松。对于考四六级、雅思或是托福的大学生朋友，这条原则同样适用。

正在工作的朋友，很多一手的专业资料其实都是英文的，而且在现在这个时代，已经不存在无法找到买到的资料了，唯一困扰你的，就只是语言的门槛而已。阅读专业类的书籍，可以让你保持在行业内的竞争力，简单地说，就是可以让你有获得高薪的价值。

阅读英文书可以有很多好处，而且这些好处是会随着时间和数量升值的。你越早开始，读得越多，就越有效果，而越有效果，也就可以读得更多，更轻松。

6.2.2　我自己阅读英文书的故事

我在学生时代是一个学习成绩很一般的学生，英语成绩可能稍微好一些。但因为自己是在一个西南的小城上学，接触的知识和资讯其实很少，当时互联网也不普及，所以阅读英文书这件事，直到大学前，都是一个根本没想过的事情。实际上读大学期间我也没有动过读英文书的念头。真正开始有这个想法，是在大约2013年，我喜欢的一位美国播客主播写了一本电子书，讲述自己如何进行无纸化工作的。我当时对那个领域特别感兴趣，于是就想办法买到了这本书，开始阅读。这离我大学毕业已经接近10年，英语几乎都还给了老师，如果要阅读一本“真正的英文原著”，我当时是肯定做不到的。但很幸运，我选择的这本电子书有大量的图片、视频和音频片断，真正文字的信息量其实并不大，而且大多数词汇是我关注的领域，并不会出现那种一页有十几个生词的情况（这一点很重要），于是断断续续地，我把那本书读完了。这件事给了我基本的信心，原来阅读英文书也没有想象中那么恐怖。

之后我又停顿了很长时间。2014年，我和家人来新西兰旅行，在一家二手书店买到了一本关于《魔戒》的分析读物。这本书是很多篇文章的合集，每篇文章就像是一篇博客一样，讲某个具体的主题,比如“为什么魔戒里有那么多洞穴里探险的情节?”因为我对《魔戒》的故事很着迷，所以回国之后也是断断续续，就把这本小书读完了。

2015年初，我去泰国旅行时，在书店里瞎逛，碰巧看到了我关注的游戏制作人陈星汉推荐的一本小说《炼金术士》。因为他的推荐非常吸引人，于是我将这本书买下，并开始阅读。这是一本有魔力的小说，它让我真正沉浸到那个世界，经历了一场心灵的冒险。之后我又买来中文版读了一遍，并制作一期播客节目专门聊这本书。

我也曾经历过挫折感严重的英文书阅读体验：托马斯·潘恩的《常识》和杰克·伦敦的《荒野的呼唤》。这两本书我一开始觉得篇幅不长，应该读起来更轻松，结果发现完全不是这样。《荒野的呼唤》我磕磕绊绊读完，却感觉没怎么懂这个故事；而《常识》直接读不下去，我逼着自己读几十页后，就彻底放弃了，完全读不懂。因为这两本书的挫折影响，我几乎有一年多没有碰过英文书。

真正让我感受到阅读的挑战，同时又感受到英文阅读乐趣的书，是《少年派的奇幻漂流》的原著。这本来就是一个含义丰富的故事，而原著涉及对三种不同宗教的讨论，这让阅读的过程变得特别艰难，但就像很多生活中艰难的事情一样，熬过那一段艰难的路，之后的乐趣与回报也会更大。我读完这本 300 多页书的那一刻，我心里有一个声音响起：我可以读完任何一本英文书了，只要我愿意尝试。

之后，事情就比较顺利了。我开始大量阅读一些感兴趣的虚构类英文原著，比如人文科幻经典《献给阿尔吉侬的花》，威尔斯的《时间机器》，好莱坞电影《火星救援》的原著；还有一些非虚构类的好书，比如《如何阅读一本文学书》。我甚至还使用有声书的方式听完了很多原著，比如《世界大战 Z》《玩家一号》和全套的《哈利波特》系列。对于阅读时速度慢、读不懂等问题，我慢慢就不再担心了，因为我知道这是阅读英文书必然会经历的过程。

现在，英文书的阅读已经占到我全年阅读总量的 80% 以上。我大概可以一周读完一本英文书。在收听英文书时，我使用 2 倍速的语速收听。

和你分享我的英文书阅读过程，你会发现我的英文书阅读旅程其实很普通，并不像很多学霸在高中大学就已经积累大量阅读经历。一个来自西南小城，毕业上班几年后不满足自己的能力现况，想要通过阅读英文书提高，我的经验可能对大多数朋友，更具有参考和鼓励价值。而你的条件肯定要比我之前好太多，所以你肯定可以比我做得更好。

我在回顾自己的阅读历程时，发现有一些因素，当时可能是偶然，但现在想起来却觉得很重要。正是这些因素，让我可以坚持读完很多英文书。比如我开始选择的几本书，就直接影响我的阅读过程是否顺利。如果我当时选书时知道阅读英文书的关键因素，我就不会选择《常识》这样的书，而我的英文阅读过程也会更加顺利。而对很多朋友来说，他们也有这样的问题。有人选择第一本阅读的英文书，就选了《冰与火之歌》这样的书，这也是因为他们不知道阅读英文书的关键因素。

读英文书的关键因素是什么呢？首先是找到阅读英文书的动机，其次是书的难度要匹配自己的能力。

6.2.3 找到阅读英文书的动机

阅读一本书可以有很多动机。比如因为兴趣，因为喜欢书的主题、故事、内容甚至是作者；或者是因为回报，比如职场类的书籍，读完后有助于提升自己的价值，能够指导自己的职业规划；也可以是因为其他目的，比如向朋友们炫耀之类。但可以确定的是，如果没有明显的动机，你通常无法坚持读完一本书，特别是英文书，尤其是你的第一本英文书。所以在阅读之前，一定要想好自己的驱动力：到底驱使你拿起这本书进行阅读的动力是什么？

以我自己为例，我很凑巧，自己读的第一本英文书 Paperless《无纸化》是一本技术类的书籍，我当时正好想在自己的工作中用到一些相关的技巧。所以从动机方面，这本书的内容可以改善我的工作流程，让我变得更有效率。这样的回报，是我选择这本书的动机。成年人做事，考虑回报，比考虑兴趣更重要。

当然兴趣也是一个很重要的因素，比如我选择的第二本书《魔戒书中的幻想世界》，因为我对《魔戒》故事的强烈兴趣，支持我读完了这本书。

所以在选择第一本英文书的时候，一定要问自己：我的动机是什么？这是读完一本书的第一个关键因素。

有时阅读的动机，可能并不是为了自己。我的一位朋友，是一

个两岁孩子的妈妈，虽然每天带娃已经很忙，但还报名参加了网络的英语课程，每天午饭时间都泡在微信群里，跟老师练习自己的口语。为什么她会突然有这么足的学习欲望呢？因为孩子。她打算自己能教孩子一些基本的英语，也希望孩子大一些的时候能跟上孩子的脚步，可以用英语沟通。这就是动机，可以支持一位已经离开学校十几年的妈妈，依然有高涨的学习热情。这个例子除了告诉我们动机的重要性之外，也教给我们一种学习英语的好方法：从童书和绘本开始。如果你喜欢漫画，还可以从漫画开始。

6.2.4 选择合适自己的英文书

读英文书的第二个关键因素，是能力与书的难度匹配。这里的能力，具体指掌握的词汇量与专业术语数量。如果你打开一本英文书，一页有 20 多个生词，那么这本书对你来说可能超出你的能力了。很多朋友会发现，如果选择阅读专业领域的英文书，通常你的领域专业性越强，阅读反而越容易。比如程序员阅读编程的原版书，虽然充满外行完全看不懂的术语，但语言的内容却并不复杂。而不少能阅读原版技术书籍的程序员，阅读文学类书籍却感觉很吃力，就是因为跨越专业的原因。建议选择自己第一本英文书时，最好选择与专业相关性强的书籍，这样你阅读的障碍会小很多。

词汇量是英文阅读能力的重要指标。这里介绍两个方法，可以帮助你选择与自己词汇量水平接近的书。

1. 通过蓝思值来测试英文书的阅读难度

蓝思值是一个检验阅读能力和对阅读材料复杂度理解力的一个指标，主要是适用于教育领域。教育工作者可以先通过蓝思值测试学生的阅读能力，再根据测试结果，提供不同的阅读材料。这也是个性化教育的一种方式。

在选书时，你可以先用蓝思网站（https://hub.lexile.com/find-a-book/search）查询一下，就可以知道自己想要阅读的书是什么样的一个值，蓝思值越高，书的难度越大。初期一定要选择难度合适的书。通过查询，《霍比特人》的蓝思值是 1000L，《哈利波特与魔法石》是 880L，《火星救援》是 680L，而我没能读下去的《常识》是 1260L。很容易可以看出《火星救援》是更适合初学者的选择。

2. 一页 10 词原则

这是我给自己的一个简单原则：如果翻开一本英文书的任意一页开始阅读，在一页内碰到 10 个以上的生词或是短语，这本书就不适合你目前的水平。因为盲目选择难的书，只会让你放弃并失去信心。

6.2.5 如何读完第一本英文书

1. 选择合适的书

选择合适的书，是确保可以读完第一本英文书的关键，而读完它，有一些具体的技巧。首先看一下读完的标准。一种是精读，就是每个生词、每个句子都读懂意思；另一种是泛读，就是大概清楚基本的故事或是内容，不用频繁停下来查生词。两种方法都有效果。就我个人来说，我曾经试过大量的泛读和一定的精读。精读的效果更好，但需要有阅读成功的经验。所以建议大家先用泛读的方式，以读完并基本理解作为标准，积累几本英文书阅读的成功经验之后，再找稍微有些挑战的书进行精读。

不过，专业领域的书最好精读，需要标注出每个生词，读懂每句话的意思，哪怕读得慢一些也没关系。

2. 培养阅读习惯

读完第一本英文书最重要的因素，就是保持阅读的固定习惯。你可以在固定时间进行阅读，每次尽量坚持 15 分钟，再慢慢增加时间；15 分钟内不做其他事情，不看手机；一定要珍惜已经建立的节奏，不要轻易打破节奏。如果出差或是其他调整，尽量不要影响阅读的时间和频率。

3. 设定阅读目标

设定一个目标，但不要太在意完成的时间。我个人的经验是，将目标设定为每天具体的阅读量，要比设置具体的阅读时间有效，比如可以要求自己从每天完成 5 页的阅读量开始。这样的速度大概一个多月，就可以读完一本中等厚度（200 页左右）的英文书。

6.3 导读式知识付费平台：阅读有捷径吗

6.3.1 导读式知识付费，互联网时代的图书简化版

我上中学的时候，书店里有一类书非常常见：简写版世界名著。这类书通常只用原书 10% 甚至更少的篇幅，将书的大概内容进行简单介绍。对于虚构类的书籍，你读完后可以基本知道这本书的故事内容，但其作用也仅限于此。美国导演伍迪·艾伦曾有过关于这类读物的精彩描述："我花 20 分钟读完了《战争与和平》。这是个与俄国有关的故事。"

目前市面上流行的拆书课和说书类的知识付费课程，就属于互联网时代的图书简写版。它们弱化了原书的吸收难度，用大众最熟悉和习惯的方式重新讲解，让用户可以短时间基本了解原书的主要

观点，从而缓解信息焦虑。

实际情况是，很多人没有完全使用这类知识付费的内容。他们只是购买了这类课程，就觉得自己好像读过了这些书，缓解了信息焦虑。这种心态和办了健身卡就觉得自己已经健身阶段性成功的感觉是一样的。

从长期学习的角度来看，我不提倡以知识付费平台作为主要学习的途径，也不认为它能取代阅读。阅读是没有捷径的。虽然我们在这本书里介绍了很多可以提高阅读效率的方法，但归根结底，还是需要自己去读书。

不过如果能利用好知识付费平台，也可以帮助我们更好地阅读。知识付费平台上的讲书内容，也可以当作是书籍的导读，相当于有人帮你先把书进行筛选并提炼出精华，这样你可以快速获取一本书的概要。对于知识付费平台，基本的运用思路就是把知识付费的导读式内容当作书籍的“预告片”用。通过十几分钟的讲解，你可以了解一本书的基本观点和内容，再根据自己的兴趣、专业和学习目标，去找原书进行阅读。就像我们看电影一样：电影院里有 5 部电影在放映，花 2 分钟看看每部电影的预告片，然后选择一部自己觉得不错，买票入场。观看预告片，可以减少我们看到烂片中途退场，损失票钱和时间的概率。

除了知识付费平台上的书籍导读内容，网络上还有很多免费的导读内容，而且内容质量可能非常高。比如现代书籍的作者可能参加 TED 演讲或是播客的访谈，他们在节目上聊的内容，就是关于他们写的书最好的导读；另外也有很多免费的视频或是播客，会讲解某些书籍。同样可以借助这些内容，作为自己选书的参考。

6.3.2 如何通过导读类讲解帮助我们阅读

在选择导读类知识付费内容时，最好优先考虑信息量大的内容，能在一个课程里尽量涉及较广的书目；其次可以考虑深入讲述一本书的形式，但时间不宜过长，否则就失去导读的意义；另外要有讲者自己的总结：为什么要推荐这本书?

在观看导读内容的过程中，也要问自己：这本书对我有什么帮助？它可以如何改善或提高我目前的状态？最好在观看或是收听完导读内容后，能有自己的基本概括：这本书讲了什么内容，对我有什么帮助。

然后，我们可以借助知识付费的内容，引导自己下一步的深入阅读。阅读类知识付费平台上的课程或是讲解，其内容也是来源于书籍。当你观看或是收听了一期节目，觉得内容很适合自己，就可以找来其中引用或是推荐的书，自己读一遍；也可以主动搜索讲解者提及的一些数据、观点和引用内容。

最后是直接运用。如果你通过知识付费的方式学到一本书 10% 的内容，并将其知识应用到自己的生活中，那也算是一种非常有效的学习方法了。你观看或是收听完讲解，问自己：我可以具体做什么，运用书中所讲的内容？

6.3.3 导读类知识付费平台简介

国内的知识付费平台从 2016年开始兴起，至今已经有非常多的选择。而且除了一些新兴平台，一些其他领域的平台也开始介入。比如今日头条的付费专栏、音频网站喜马拉雅的付费会员、微信读书的领读功能、知乎会员读书会，等等。本节将简要介绍常见的以书籍导读为主要功能的国内外知识付费平台，以便供大家参考选择。

1. 中文类平台

得到 App

得到 App 由罗辑思维团队出品，以专栏订阅为主，2016 年 5 月上线。该平台提倡碎片化学习方式，让用户短时间内获得有效的知识，其中的专栏“每天听本书”，以口语化、音频的方式呈现，帮助用户做到“每天半小时，搞懂一本书”。

樊登读书

樊登读书会由樊登博士于 2013 年发起，同年 10 月正式成立。该平台为用户提供书籍精华解读、精品课程、学习社群和电子书等知识服务。核心产品书籍精华解读用 1 小时左右为用户讲解一本好书，辅以音频、视频、图文、思维导图、电子书、同名课程、同名训练营等多维度巩固内容。

中读

中读是国内著名杂志《三联生活周刊》手机客户端的全新升级版本，定位新一代内容发布和付费知识阅读的社交平台，于 2017 年 5 月正式上线并更名为中读。中读的名称源于《三联生活周刊》主编李鸿谷提出的“中阅读”概念：阅读传统书籍、杂志是“慢阅读”，手机上的碎片化阅读是“快阅读”，“中阅读”则是介于两者之间的一种阅读状态。

看理想

看理想是图书品牌理想国在 2015 年拓展媒体边界的尝试，以多档深度制作的文化类视频、音频节目为主要卖点，其中的部分读书节目，如梁文道的《八分》《白先勇细说红楼梦》《许子东 20 世纪中国小说》等，都非常值得收听。

十点读书

十点读书是一个基于微信公众账号的读书分享自媒体，于 2012 年开始运营以读书为主题的微信公众号，后期陆续推出知识付费十点课堂、短视频和 App，并在 2020 年推出十点听书会员服务。

2. 英文类平台

Blinkist

Blinkist（网址：https://www.blinkist.com/）是一个 2012 年创立的图书概要服务平台，以 4500 本非虚构类畅销书籍的概括导读为主要卖点。每本书都包含 15 分钟的音频与文字概括，内容为英文和德文。会员费用为每月 9.99 美元。

Instaread

Instaread（网址：https://instaread.co/）的形式与 Blinkist 类似，同样提供 15 分钟左右的音频及文字作为书籍导读概要，其收录的书籍数量虽然没有 Blinkist 多，但提供经典文学作品和虚构类畅销小说的导读，内容为英文，会员费用为每月 8.99 美元。

3. 其他英文类导读平台

英文类导读类平台除了上述两个主要平台之外，还有其他一些选择如下，本书不做过多介绍。感兴趣的读者，可以自行查阅其详细信息：

- Sumizeit
- BUUK App
- Booknotes
- Snapreads
- ReadingIQ
- getAbstract
- BookRags
- Quiddity

6.4 阅读广义的书：视频、帖子、播客与演讲

6.4.1 什么是广义的书

现在这个时代，书已经不再只是印在纸上的文字那么狭义。美剧像是长篇小说，电影是中篇小说，纪录片就是非虚构读物。只要你一直坚持信息的输入，以什么形式阅读就都可以，因为它们并没有内容重要。如果目的都是为了学习和了解新的领域，读书比起听播客或是看视频，也不应该有什么优越感。

有人觉得纸质书比电子书高级，但两者都是信息与知识的载体，其差别也只是载体之间的物理差别。从阅读的目的来看，吸收信息与知识，然后去实践，或是拓展自己对世界的认知，这才是读书更宽广的意义。以这样的态度对待读书，才是真正的读书人，才是“不

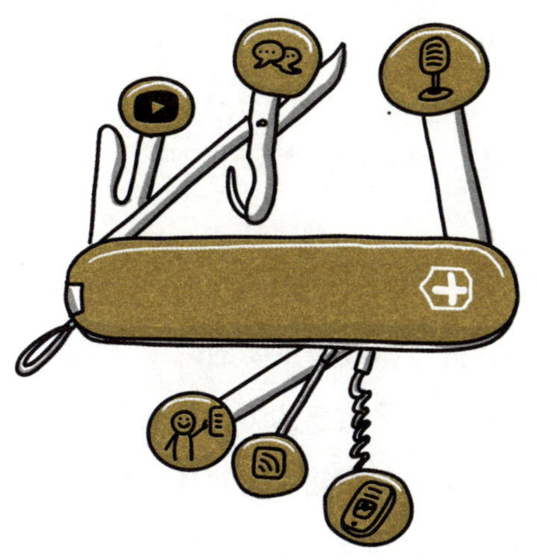

读死书”。

在《牧羊少年奇幻之旅》里，有一个角色叫作英国人，他一直想要学习炼金术，一直想要找到居住在沙漠中的炼金术士。但他没有真正去炼金，去观察自然，观察事物背后的规律，也没有去和人交流，而是沉浸在众多繁杂的炼金术书籍中，十年过去，一无所获。后来他终于加入一只沙漠商队，想去寻找炼金术士求教。在旅程中，他对炼金术的认知，很快上升到一个新的境界，远远高于之前沉浸在书本中的水平。这就是一个关于广义阅读的好例子。

所以读书更广的意义，应该是拓展自己对世界的认知。从这个意义来看，广义的书，除了纸质书、电子书和有声书之外，也可以包括视频、帖子、演讲、播客，甚至是自己或他人的经历与体验。

广义的书，包括所有“富媒体”的形式。

6.4.2 阅读富媒体的一些通用技巧

1. 创建自己的思考与阅读记录

这可能是阅读富媒体最为重要的一个技巧。我们应该建立一套用来吸收与记录富媒体信息的方法，同时也应该记录自己在阅读时的思考与心得。相比书籍，富媒体的信息更加分散，更碎片化。事例和角度可能更具体，阅读的场景也会更加多样化。你在等待取餐的时候，在B站看了一个8分钟的知识类视频，或是在乘地铁回家时，阅读了两篇微信公众号上的文章。当时你可能觉得这些内容自己完全记得住，但一两周后再一想，已经完全记不得观看的内容了！如果能把自己每天阅读的贴子、收听的播客或是观看的视频中有用的信息，包括自己的思考过程记录下来，这些信息就是你的知识储备。时间一长，数量会非常可观。

建议使用一个自己喜欢方式，数字化的文档工具，或是纸质的笔记本、卡片都可以，记录自己日常消化信息中有价值的部分。比如我会使用iPad端的手写笔记程序GoodNotes，记录观看视频或是帖子中的信息与心得，每个视频一页的篇幅。这样我可以用自己习惯的方式，创建一个信息卡片。之后，这些内容就可以成为创作或是工作的素材。

2. 有意识地训练自己切换学习方式

大脑在接受知识与信息时，有自己的偏好，而且每个人不同。有的人习惯通过阅读文字获取信息，有人习惯视频和图像这类更加视觉化的方式，还有人习惯使用音频的方式收听信息。我们可以有意识地将不同载体的信息融合起来，在学习时切换。因为这样的信息切换，对于人的大脑来说，更能保持其活跃，哪怕你对于某种形式不太适应。对于大多数人来说，阅读文本要比观看视频更难一些。

3. 富媒体时代，不需要从开始到结束

这个时代最不缺乏的就是信息。之前的章节已经讲过，在阅读时，如果觉得这本书的部分内容你不感兴趣（已经了解，或是对目前的自己暂时没有帮助），你完全可以跳过不读，甚至可以直接跳过整本书。你不需要从头到尾读完整本书。而视频、帖子和播客等富媒体，也可以使用这个原则：不需要从开始一直看到结束。你可以快进视频或是播客，跳过前面的热身或是简介部分，直接查看自己关心的信息。同样，当你觉得已经获取了需要的信息，完全可以关闭视频，不用看完剩下的部分。

需要补充一点，就像我们在阅读书籍时，需要有意识地阅读一些自己目前无法理解，超出自己阅读能力的书一样，我们在接收富媒体信息时，如果碰到因为太难或是超出自己的认知而无法接收的信息，你可以记录自己的思考或是疑问。这样在之后，你可以以此

为出发点，有意识地学习这些自己不熟悉的领域。

4. 阅读书籍是正餐

硅谷著名投资人 Naval Ravikant 曾经说过一句话，“有声书像快餐，纸质书像大餐。”我很认同这句话。相比纸质书、电子书和有声书这类“正餐”，富媒体更像是知识与信息的零食。它们无法取代阅读书籍。阅读书籍是相对更难一些的信息获取手段，但也是从长期角度对我们更有帮助的方式。因此，有意识地控制富媒体的信息摄入量很重要。阅读书籍至少要占信息输入的大部分，特别是专业领域的知识与信息，最好能符合“二八法则”：即 20% 的信息输入以富媒体为形式，80% 的信息输入以书籍为主。

5. 使用富媒体来增加信息广度

富媒体的形式与内容都很灵活，也更加与用户友好，更容易让我们去涉及一些自己未曾涉足的领域。对于大多数人来说，阅读一本关于微观经济学的书是一件需要郑重面对的任务，而观看一个关于经济学知识的 10 分钟视频短片，压力就会小得多。我们可以利用这种友好性来拓展自己的信息广度，尝试了解陌生的领域。最常见的一种增加信息广度的方式，就是使用富媒体探索更多值得阅读的书。比如你观看了梁文道主持的《一千零一夜》，对其中介绍的某本经典作品感兴趣，就可以主动找来这本书阅读。同样，我们在播客、帖子或是其他地方了解到某些目前未知，但挺感兴趣的信息，也可以将这些信息作为扩充知识的线索，自己做调查。

6.4.3 如何阅读视频

在这个时代，很多人没有时间读书，却有时间看视频。这其实没有必要内疚，因为我们的大脑天生就喜欢更丰富，更具体的信息，相比书本上抽象的文字，视频可以有鲜活的画面，生动地讲解，这种信息自然更受欢迎。

通过观看视频进行学习，可以接收声音、画面等多种媒体形式同时传递信息，对于一些内容来说，效果要更好，特别是一些需要演示动作或是步骤的专业技能或知识，比如做菜或是健身类的知识，视频可能是更便于传递的媒介。

另外，视频在移动互联网与智能手持设备非常普及的今天，几乎随处可得。这也大大增强了信息输入的灵活性。

当然，比起传统的阅读，视频也有很多缺点。因为视频中的信息不易被检索，可能包含很多冗余信息，缺乏明确的重点。观看视频，有可能用很多时间，最后却发现真正有价值的信息很少。另外，视频平台都有非常成熟的吸引用户继续观看的策略，普通用户很容易迷失在众多视频的选择中，忘记自己最初观看视频的目的。

阅读视频，最重要的是要有自己习惯使用的思考记录载体，最好这个载体是可以长期保存和查阅的。如果在收看某个视频时将感受随手写在一张纸片上，过后再想查找，肯定会很麻烦。使用纸质的笔记本，或是电子化的笔记软件都可以。

有时我们观看视频的场景不允许实时记录（比如在地铁里），这也没有关系，可以在一两天后，回顾这个视频的内容，评估其中的内容是否值得记录。很多时候我们阅读的信息，并不值得记录。如觉得有价值，在自己方便的场景将视频的要点记录即可。

我自己习惯使用 iPad 观看视频并做笔记。如果在手机或是电脑端看过一个视频，觉得有价值，我会在自己方便时，用 iPad 分屏的形式同时打开视频与笔记程序，然后播放视频，并用手写笔记录视频的要点。

6.4.4 播客：用耳朵来进行学习

截至 2020 年 2 月，互联网有近 100 万个可公开访问的播客和超过 6100 万集节目。在这些播客里，主持人和嘉宾畅聊各种话题，从红酒到健身，从理财到音乐，几乎任何话题都可以找到相应的播客节目。随着人们出行交通时间的增加，国内外音频平台播客领域的日益成熟，收听播客也越来越多地成为一种娱乐与获得信息的方式。

收听播客最大的好处，与收听有声书类似：在一些低思考强度的场景，使用耳朵进行阅读，可以解放我们的双手与眼睛，让我们可以同时做两件事。虽然从提升专注力的角度来说，同时做两件事并不提倡，但如果能将一些垃圾时间，比如在下班交通高峰期的塞车时间转化为收听播客的时间，除了获得信息外，也能让我们的注意力不停留在焦躁地等待上。

阅读播客，同样需要有做笔记的习惯。比起视频，播客中的信息更难以检索查阅，再加上播客的形式以谈话为主，信息的密度与准确度要弱很多。所以收听播客时，如果没有准确记录其中的内容，并不用太在意，可以在方便时主动搜索，查找相应的知识点或是内容。一些播客会在自己的发布平台或是网站附上详细的节目信息，这对我们查找内容很有帮助。

一个通过播客辅助阅读的技巧：在准备阅读某本书之前，可以在播客平台搜索作者名或是书名，你可能会找到介绍这本书的播客节目，甚至可能找到作者亲自参与录制的播客节目。先收听这些节目，会帮助你更有效地阅读，甚至很多情况下，听完播客，就已经获得书中内容的精华，你都不用再阅读该书了。

6.4.5　其他的书：文章、演讲与会议

阅读文章（比如公众号文章、杂志文章或博客）也是最常见的一种信息获取方式。所有本书分享的关于阅读书籍的原则和技巧，

对于阅读文章同样适用。

演讲、会议或是其他更具体验式的信息分享，可以使用上面提到的针对视频、音频的学习方式进行阅读。我自己甚至会将某些与朋友很有价值的谈话，作为一种阅读的形式，记录自己的体会、信息与思考。就像本节开头所说的那样，只要能拓展自己对世界的认知，就属于广义的阅读，也就可以使用本节的技巧提炼价值。

6.5 阅读黑客的 11 条个人秘籍

本节将介绍一些相对个人化的阅读技巧，作为对其他章节系统化技巧的补充。这些都是我在实际阅读中积累的一些经验，经过我个人的检验，希望能起到抛砖引玉的作用。

1. 找到符合自己口味的推荐人

当进入某一个自己并不熟悉的领域时，跟随一个师父进行学习，是最有效的方法。在阅读方面，这个原则也非常适用。你可以有意识地寻找在读书推荐方面，符合自己专业领域与阅读品味的推荐人，然后关注他或她的相应推荐。如果要更主动些，也可以直接在搜索引擎里输入推荐人的名字，然后加上“推荐的书”这样的关键字，通常都可以找到不少好书。

比如你对投资领域感兴趣，而且认可价值投资的理念，觉得很想向巴菲特学习，那么在 Google 里搜索“巴菲特推荐的书”，就可以轻易找到他推荐的书，比如查理·芒格的《穷查理宝典》、本杰明·格雷厄姆的《聪明的投资者》等。

2. 收听或观看作者的访谈

正如前面的章节介绍过的，很多现代作者都会参加一些演讲或是播客采访，在节目中介绍其写的书。通常作者和采访者，都会有所准备。这样的节目，其信息质量是比较可靠的。在听说某本书（特别是畅销书）但还没有打算阅读时，搜索并收看相应的视频，可能了解足够多关于该书的信息，甚至不用阅读原书了。另一种情况，是在阅读某本书之后，觉得意犹未尽，或是有些问题还没有搞清楚，想要进一步学习，这时就可以去收听或观看作者的访谈。

3. 短期内集中阅读某个领域的内容

这个方法很适合想要在某一专业领域深入学习的人。前面的章节已经介绍过关于跳读的技巧，在阅读相同领域的书籍时，遇到已经读过的类似知识，可以直接跳过。这样不但可以让我们读得更快，也能反复巩固相应的知识，还可以建立在该领域的自信。

4. 用不同设备区分阅读的内容

通过前面的章节，我们已经知道深度和广度阅读，学习型阅读和娱乐型阅读的区别。如果有条件，可以将不同目的的阅读利用设备进行区别，以达到较好的效果。比如我会把需要专注阅读的书籍放在 Kindle 电子书阅读器上，阅读时不去碰手机。一些文档或是专业类的书籍和文章，我会用 iPad 进行阅读，便于阅读时标注（可以使用 PDF Expert 等软件）。播放有声书主要通过手机进行。如果在微信里看到还不错的文章，我会转存到 Instapaper 客户端，然后在 iPad 上阅读。

5. 尽量在大屏幕的显示设备上阅读

这是对上一条技巧的延伸。大屏幕的设备会让我们阅读时有更正式的感觉，也有助于加速略读。这是因为我们眼睛的视线余光，可以看到更多的文字信息。所以哪怕是微信里看到的有趣文章，属于娱乐型的阅读，我也尽量在 iPad 终端进行阅读。如果已经有了明确的阅读目标，可以考虑购入一个电子书阅读器。目前除了 Kindle 的产品外，国产品牌也有很多选择，可以去查看数码设备类网站的信息，选择合适自己的设备。

6. 使用智能语音助手读文章给你听

一些微信里或是网站上以文字信息为主的文章，可以借助人工智能，让手机自动朗读给我们听，这样可以更好地将低思考场景利用起来。中文类文章可以通过科大讯飞出品的“讯飞有声”应用程序实现，英文文章可以通过“Pocket”或是“Instapaper”等应用程序实现。这几款程序都是免费的，使用起来都非常容易上手。

7. 使用录音转写工具帮助整理读书心得

收听有声书时，经常会有一些内容或是阅读心得，你很想记录下来，但很多时候我们的使用场景是不太方便用笔甚至是手机记录阅读心得的。这种情况，可以使用录音工具或是应用程序帮助记录。现代的录音程序和录音笔，已经可以实现录音转写功能，能够将语音转为文字内容，便于使用整理。你可以使用手机端应用程序“Just Press Record”实现转写（使用苹果的 Siri 引擎），甚至可以使用其 Apple Watch 手表终端的程序，抬起手腕就可以记录心得。如果有条件，可以入手一个智能录音笔（科大讯飞），能够实现中英文混合转写，准确率非常高。

8. 视觉化读书笔记

我花在整理读书笔记上的时间不少，也发现很多读书笔记整理完之后就基本没有查看回顾了。这些读书笔记大都是以纯文字为主的。现在，我习惯读完一本书后，用一页纸绘制出这本书的要点与心得，换句话说，就是通过视觉笔记的方式，记录和整理一本书的阅读心得。这种图像化的方式看似信息量没有文字为主的笔记丰富，但实际上对书中内容的消化和理解更有帮助，也能真正将书中关键的概念和案例，转化为自己的知识。如果没有真正理解某个概念，是无法将它绘制出来的。

绘制视觉笔记时，不用太在意绘画的效果。如果想要学习这方面的技巧，可以参阅专门讲述视觉笔记的其他书籍。

9. 不必记住所有读过的内容

我在练习阅读的初期，总是觉得自己没有记住或是理解足够多的内容。那时在摘录书中内容时，也总是巴不得划出书中的每句话，似乎它们都是重点，都值得我记住。这样的目标当然不现实，也很容易让人觉得丧气，因为它是不可能实现的：你永远不可能记住书中所有的内容。后来我出版了第一本书《苹果物语》。我发现，别说读者不可能记住所有的内容，就连作者本人，也不可能记住自己写的所有内容。于是我就释然了。之后阅读任何一本书，我都不会纠结于这本书有的东西我没有记住。

很多人通常对有明确数量的话题，有记住并理解全部话题的预期。比如“5 个技巧，帮助你掌握投资”这类话题，我们可能想要记住涉及的所有技巧。但实际上，你阅读时如果某个技巧让你忽然提起精神，那么说明这个技巧对于这个阶段的你，可能最有帮助。它就是你的重点，记住并理解它，其他内容如果记不住，也没关系。跳过也没有关系。

一些逻辑性很强，需要理解第一步，才能理解第二步的领域，比如数学、编程等，还是需要顺序阅读，不能跳过。

10. 从自己感兴趣的内容开始

硅谷著名投资人 Naval Ravikant 以热爱阅读为人所知，他目前推崇阅读自然科学、哲学和微观经济学领域的经典，但他在一开始阅读时，主要是读漫画和科幻小说。他的阅读过程慢慢地从一个领域转移到另一个领域，最终引导他开始阅读这三个涉及世界与自我本质领域的书籍。从自己感兴趣的内容开始阅读，这样阅读的最大收获，是帮助你养成长期阅读的习惯。这比具体读某本书带来的收获更加重要。

阅读自己感兴趣的东西，不论是什么形式：漫画、小说、杂志、图书……也不论是什么领域。但如果养成每天阅读 1 小时的习惯，你就已经成为全世界 0.001% 的少数派。

11. 没有总结，阅读就没有结束

我在阅读时，有一个原则：在我能用自己的语言描述这本书的内容之前，阅读的过程并没有结束。当我读完一本书的最后一页时，我其实还没有读完这本书。我通常会等上一两天，等自己对这本书的理解已经有些沉淀时，再整理读书笔记，写该书的总结。之后，我会发一条微信朋友圈或是微博，用自己的语言总结这本书，或者录制一个短视频或是一期播客分享我对这本书的阅读体会。完成了这一步，阅读的过程才算结束。

第七章

阅读导师们的读书技巧

7.1 钱锺书：用日札记录读书心得

7.1.1 读书期间即养成了良好的阅读习惯

中国近代是大师频出的年代，如果以文化学术成就为标准排选近现代大师，钱锺书必然会名列前五。作为中国现代作家、文学研究家，钱锺书既著有长篇小说《围城》、散文集《写在人生边上》等名篇，也有《管锥编》《谈艺录》这样的文学研究经典著作。他对中国的史学、哲学、文学等领域有深入的研究，同时不曾间断过对西方新旧文学、哲学、心理学等的阅览和研究，并取得显著的学术成就，在国内外学术界都享有很高的声誉。

中国现代诗人、翻译家赵瑞蕻曾评价钱锺书：“他的学问真像一盒熠熠发光的珍宝，只要用得上，便可以立刻打开盒盖子随意拿出

一件两件来。”

钱锺书的天才和勤奋，都用到读书上了，加上数十年的坚持与专注，最终成为一代大师。

钱锺书的大学同学许振德在《水木清华四十年》一文中回忆道：“余在校四年期间，图书馆借书之多，恐无能与钱兄相比者，课外用功之勤恐亦乏其匹。”许后来在另一篇文章中又说钱锺书“家学渊源，经史子集，无所不读；一目十行，过目成诵，自谓‘无书不读，百家为通’。在校时，以一周读中文经典，一周阅欧美名著，交互行之，四年如一日。每赴图书馆借书还书，必怀抱五六巨册，且奔且驰。且阅毕一册，必作札记，美哲爱迪生所谓天才乃百分之九十九之血汗及百分之一之灵感合成之语，证之钱兄而益信其不谬。”从这篇文章可以看到，钱锺书在读大学期间，不但有惊人的阅读量，而且养成了非常好的读书习惯。

7.1.2 日札：钱锺书的读书随笔

从钱锺书的夫人杨绛先生为《钱锺书手稿集》做的序中，我们也可以看到钱锺书先生是如何读书和做笔记的：

许多人说，钱锺书记忆力特强，过目不忘。他本人却并不以为自己有那么“神”。他只是好读书，肯下功夫，不仅读，还做笔记；不仅读一遍两遍，还会读三遍四遍，笔记上不断地添补。所以他读的书虽然很多，也不易遗忘。

他做笔记的习惯是在牛津大学图书馆读书时养成的。因为饱蠹楼的图书向例不外借，到那里去读书，只准携带笔记本和铅笔，书上不准留下任何痕迹，只能边读边记。

做笔记很费时间。钱锺书做一遍笔记的时间，约莫是读这本书的一倍。他说，一本书，第二遍再读，总会发现读第一遍时会有很多疏忽。最精彩的句子，要读几遍之后才发现。

而在这两位钱锺书的故人对他阅读的回忆中，都提到了日札：钱锺书的日常读书笔记。杨绛先生曾经详细描述过钱锺书的日札：

钱锺书的笔记一共三类：除外文笔记和中文笔记外，其他都是读书心得（日札）。日札共二十三册、二千多页，分八百零二则。每一则只有数目，没有篇目。日札基本上是用中文写的，杂有大量外文，有时连着几则都是外文。不论古今中外，从博雅精深的历代经典名著，到通俗的小说院本，以至村谣俚语，他都互相参考引证，融会贯通，而心有所得。但这点心得还待写成文章，才能成为他的著作。

钱锺书的日札，就像画家的速写本，音乐家的灵感记录本一样，是他学术著作的创作来源。我们在“读书后的输出”那一章里讲到读书笔记的重要性，钱锺书先生的日札就是一个很好的例子。

7.1.3 钱锺书先生读书的三个技巧

总结钱锺书先生的读书习惯，我们可以学到下面三个技巧：

1. 读书一定要做读书笔记。读书笔记的详细程度根据书的内容调整，可能是读书时间的一倍，也可能很短。

2. 坚持终身阅读。越早养成阅读的习惯，越对自己有利。

3. 找到自己的领域。深入钻研，愿意去“啃”阅读方面的硬骨头。虽然不可能读完所有的书，但一个专业领域的经典书籍，是可以读完的。

7.2 梁文道：读书的时间不能牺牲

7.2.1 每天读六小时书，坚持了三十年

梁文道，1970 年 12 月 26 日生于香港，人称“道长”，通过电视、广播、杂志与互联网等传媒为大家所熟知。他的身上有很多标签：作家、主持人、时评人、书评人、美食家，但最大也最为大众接受的一个标签，是读书人。他在凤凰卫视的招牌节目《开卷八分钟》中，每期讲一本书，一周五期，八年没有间断。节目上介绍的书，他全部都读过。2015 年，他主持的读书节目《一千零一夜》在网络发布。“只有晚上，只在街头，只读经典”，这个独特的深夜读书节目一经推出，就成为优酷的招牌文化节目。全国数千万的观众，跟随梁文道，在北京、京都、敦煌的夜晚，品读一本本经典。

作为一位职业读书人，阅读对于梁文道是不能牺牲的时间，哪怕少睡几个小时，读书的时间不能少。在《新京报》的专栏里，他说："我从上初中的时候开始，每天读书 6 个小时，到现在 30 年了。当然，不是每天都很精准的 6 个小时，有时候多些有时候少些，但平均下来是差不多，每天的阅读时间在 6 个小时左右。"读书对于他来说不只是一种生活方式，而是生活本身。他甚至在浴室里装了一个架子，在淋浴时也可以翻几页书。

梁文道在各种节目里谈过很多自己关于读书的见解，在这里，我着重介绍他在读书技巧与观念上的 3 条经验。如果你对他的更多读书内容感兴趣，可以查看他的《一千零一夜》或是其他读书节目。

7.2.2 不让社交媒体软件影响阅读

梁文道不使用社交媒体软件。他说：“我之所以不用这些东西，主要是我没时间，因为我希望我的时间能比较完整的利用。我觉得如果我老是开着手机，看邮件，看微信，看推特什么的，那我的时间就会变得很零碎、很片段，使得我这个人都变得很不专注，我整个人的思考也会变得很不连贯。”

总部位于伦敦的互联网数据咨询中心 GlobalWebIndex 分析了全球 45 个国家的市场，发现 2019 年人们每天用在社交媒体上的时间平均为 143 分钟。社交媒体除了消耗时间外，更大的问题，是让人不知不觉养成对任何事要立刻给出反应的状态，而且多半是情绪反应。

我们也许做不到像梁文道那样，完全不用社交媒体软件，但至少，我们可以做到对自己上网的时间稍微有意识一些。哪怕能把每天使用微信或是其他社交媒体时间的三分之一用于阅读，就可以有接近 45 分钟的阅读时间，足够一年读完几十本书了。更何况这样的调整，可以改善我们的思考习惯与情绪反应习惯。

7.2.3 读书从慢到快

梁文道从高三开始，就已经开始写书评，算是踏上了他持续至今的“职业化读书”的道路。书读得多了，也就会越读越快。梁文道认为自己的“临界点”出现在大学毕业那年，此后，他能非常容易地进入图书的读者角色。“每一本书都假设了你是什么样的读者，我看一本书，很快就能知道它希望我是什么样的读者，然后进入那个角色。”作为书评人，读书需要写稿输出，所以梁文道在读书时，会带着问题主动读书。他说：“我不会平白无故地翻开一本书被动地看，我一定会想：这本书主要想说什么、想怎样达到它想达到的目的？其中有脉络，读书就像掌握一棵树那样读。”

这种从慢到快的过程，也适用使用非母语进行阅读。梁文道能很好地阅读外文经典，但在一开始，他的英文并不好。他发现学校的英文教材自己并不感兴趣，就找来自己感兴趣的哲学类英文书，砖头一样厚的那种，硬着头皮看。每个字都查字典，但因为是很难懂的哲学书，哪怕每个单词都查出了中文意思，从头读到尾，还是看不懂。但他感觉乐在其中：“感觉好好玩，怎么会有那么难的东西？好爽。”这样的训练多了，也就慢慢能看外文经典了。

7.2.4 严格意义上的阅读总是困难的

我们在这本关于阅读的书里，分享了很多如何快速阅读并吸收书中经验的方法与技巧。这些技巧，有着一定的适应范围，比如应用类书籍、知识技能型书籍等。但阅读也可以是一种通向未知领域的体验，这种情况下，阅读是困难的。阅读困难的书，在于用自己不熟悉的方式，去试图理解自己还不理解的东西。这个过程就像是体育上的训练。所以梁文道认为，严格意义上的阅读总是困难的。

他曾经在深圳图书馆的一场演讲上说：“阅读无非是让我们发现了我们自己的顽强意志以及作品本身的不可征服。作品是自由的，在于在阅读过程中你发现它不能被驯服；你也是自由的，因为你充分地意识到自己的意志、自己灵魂的存在。你读完一本很困难的书，你不能说自己都懂了，但是你的深度被拓展了，仿佛经过了一场漫长的斗争，这样的斗争就像做了一种很剧烈的体育运动——精神上的体育操练，使得你这个人被转化了。”

从这个意义来说，严格意义上的阅读是困难的，缓慢的，也不一定能有令人满意的收获，但这个过程本身，就是收获。对于可以快速读完获得知识的书，和充满未知、非常有挑战的书，我们在选择阅读时，可以有意识地平衡两者的数量。可以选一两本你觉得根本不可能读完读懂，但读完后会特别有成就感的书，列到自己的阅读计划里，作为一种阅读训练。

7.3 网络博主、作家马克·曼森的读书技巧

7.3.1 马克·曼森是谁

马克·曼森，美国作家，一线网络博主。他的博客每月吸引 200 多万人浏览。他的书《不在乎的精妙艺术》2016 年 9 月出版以来，在美国“豆瓣”Goodreads 上获得近 1.6 万次评价，评分达到 4.07（满分 5 分），并毫无悬念地登上了《纽约时报》畅销书排行榜。

马克·曼森的书以招牌式的脏话连篇为人所知，但只靠说脏话，是不可能获得那么多读者认可的。他在其博客和书中往往会给出一些看似特别偏激的观点，但通过一系列的案例和他的阐述，读者会发现这些偏激观点的合理之处。比如，他会在书里先给读者当头一棒：

“放弃吧！”

“你就是个失败者！”

“你从来就没有正确过！”

然后，通过一系列的故事与案例，再加上诸多哲学观点的碰撞，读者会慢慢理解他的本意：

过于追求积极的体验，本身就是一种消极的体验；反之，对消极体验的坦然接受，本身是一种积极的体验。

这样的思考与表达能力，当然离不开大量的营养摄入。马克自己在博客里说，2010 年时，他一年阅读了 14 本书；而在 2020 年时，他一年阅读了 81 本书。巨大的阅读量奠定他写作的基础，也帮助他的博客与书获得巨大的成功。

在阅读方面，他的诀窍是什么呢？在他的 YouTube 频道的视频“How to Be a Better Reader”里，他分享了可以读更多书的经验，也分享了他对于“如何记住一本书的内容”的理解。

7.3.2　马克・曼森的读书经验

经验一：去除你脑子里的声音

很多人在阅读时，都会有一个“默认”的声音在大脑里朗读书上的文字。这可能来自我们学习阅读时的经验：在开始学习阅读时，

马克·曼森

我们都是大声地朗读，利用声音帮助记忆的。成年后，如果没有刻意地训练，人们通常还会保留这个习惯。这个习惯是提高阅读速度的一大障碍，因为你头脑里的那个声音，通常都朗读得很慢。

尽量避免使用脑海里的那个声音，阅读速度就会明显提升。

经验二：使用手指帮助阅读

人的视线，实际上是跳跃式的：我们在看东西时，并不是线性地从上到下从左到右，而是快速地在不同的信息点上跳跃。在阅读书上的文字内容时，我们的视线也会不时地跳回前几段的内容重复阅读，或是跳到下面间隔部分内容阅读。这样我们会无意识地浪费很多时间重复阅读。我们使用手指进行指引，可以让视线不受干扰，能有效地提升阅读的速度。

这种方法适用纸质书、电子书和在手机或平板上进行阅读。虽然外人看起来有些奇怪，却能够真正提升阅读的效率。

经验三：如果不喜欢，就别强迫自己读完

很多人都有一个习惯：拿起一本书，就想从第一页读到最后一页，觉得只有这样才算读完一本书。马克认为这可能同样是由于学校教育的影响。这也是阅读需要破除的一大错觉：不喜欢的书，不用坚持读完；特别是非虚构类的书籍，很多都是一个关键概念的延伸，往往读上一两章就可以获得这本书的主体概念，不一定需要读完所有的内容。马克说他 2020 年读的书里，大约一半都只是读完其中一半的内容而已。不要因为没有读完每一页而难过。

他通常会把一本书的 10% 的内容，作为“试错阅读”。比如一本 200 页的书，他会先读 20 页：如果对书的内容很感兴趣，就继续阅读；如果没有感觉，就果断停止。

另外，他还提到一个技巧，就是前面章节曾提到的“理解性略读”。同领域的非虚构类书籍，往往会引用一些相同的案例或是论据。如果你已经熟悉相应的内容，完全可以跳过这个部分。比如马尔科姆·格拉德威尔的“10000 小时理论”，在大多数个人成长类书籍里都会引用。如果你在其他书里读过这个理论，那么碰到相同内容，完全可以跳过。

经验四：把阅读加入你的日程表

要提升整体的阅读量，比起阅读速度，更关键的是可持续性。

把阅读添加到你的日程表，专门留出一些时间阅读，或是将阅读加入你正在进行的场景中。只要每天有 30 分钟的阅读时间，一天读 15 页书，大约 20 天就可以读完一本书，一年可以读完 20 本书。而 30 分钟的时间其实非常容易获得。

经验五：同时阅读多本书

很多人的默认习惯是一次只读一本书，读完一本书再开始读下一本。马克推荐同时阅读多本书，这样当阅读某本书碰到阻碍时，可以切换到另一本书继续。他一般会同时读三本书：一本较为艰深的，比如哲学类的书籍；一本普通的非虚构类书籍；再加上一本相对轻松的小说或是杂文集。这样在精力很好时，他会先阅读较为抽象的专业类书籍，在精力下降或是需要切换注意力时，再阅读其他的选择。

经验六：不用记住你读过的书

如何可以记住你读过书的内容呢？对于这个问题，马克的观点同样是看似偏激，但其实很有道理。他认为，标注或是笔记，对我们要记住书的内容，起不到任何作用。因为这种方式同样来自学校教育的习惯，只是让我们有种自己掌握书中内容的幻觉。真正要记住的不是书里的每个观点，而是一本书的基本观点是什么，需要的时候，可以从哪里找到。这样在需要时，用几分钟时间，就可以获得所需要的信息。

他认为，人类会自然而然地记住自己使用的知识。所以最简单的记忆方式就是去实践书中的内容。这一点对非虚构类书籍来说很容易。但如果是相对抽象的概念，比如哲学、思维方式等领域的书籍，如何去运用呢？他认为只要尝试“用另一种不同的视角或是思维方式考虑问题”，也算是运用，因为你实际也使用了你的意识去使用相应的知识。另外一种简单的方式，就是和别人谈论这本书的内容。人类的头脑能够无意识地觉得谈论的内容很重要，从而能更容易记住相应的内容。

最关键的一点，是要清楚地知道自己无法记住一本书的每一个知识点，除非你是《最强大脑》选秀节目的冠军。

7.4 僧侣作家杰·山提的阅读心法

7.4.1 杰·山提：又是和尚，又是网红

杰·山提，美国作家，畅销书《像僧侣一样思考》作者，《赫夫顿邮报》专栏主持人，YouTube 频道拥有 390 万位订阅者。大学毕业后，他剃去头发，成了一名僧侣，甚至在一个健身房的储物柜里住了 3 年。如今，他是世界一线的演讲者，主持人。他主持的播客采访过科比·布莱恩特、雷·达利欧、克露依·卡戴珊、尤瓦尔·赫拉利等各个领域的世界名人；他也经常接受其他顶级节目的采访，比如奥普拉的脱口秀、艾伦秀、今日秀等。

在他的 YouTube 频道里，有一个名为“每天读一本书，改变你的生活”的视频，专门分享他对读书的一些心得。这个已经被观看近

200 万次的视频的很多技巧，都与我们分享的阅读技巧相通。

杰·山提认为在开始阅读前，需要先明确阅读的目的。阅读的目的越清晰，阅读的效果也会越明显。这一点，我们在讲沃伦·巴菲特阅读的例子时也曾经提到。巴菲特在年轻时，针对性地大量阅读投资领域的书籍，基本将该领域数得出名字的书籍全部读了一遍。这种针对性很强的阅读，效果也会特别明显。

7.4.2 阅读的两个误区

杰·山提认为有两个误区，是阻碍很多人读更多书，读好书的主要原因。

第一个误区是第一页到最后一页的阅读方式，特别是非虚构类书籍，不必读完书的每一页。就像去超市买菜一样，我们通常都是提前看看冰箱，知道自己缺什么菜，然后列个购物清单，去超市时直接前往某几个柜列，选自己需要的物品。如果只是买牛奶面包，却顺着超市的货架从第一列走到最后一列，那就太浪费时间和生命了。读书也是一样，可以直接选择自己感兴趣的章节进行阅读。

第二个误区是迷信别人的推荐，而不相信自己的内心。简单地说，就是相信自己的内心。如果一本书虽然很多人推荐，但自己读起来实在不感兴趣，就不要再继续折磨自己。这也和“不要迷信别人的书单”异曲同工。

7.4.3 杰·山提的阅读技巧

技巧一：先看视频，再决定是否阅读

在选择阅读非虚构类书籍时，杰·山提会先搜索这本书的简介视频，通常会在 TED 网站或是 YouTube 上找到 15~20 分钟的视频。有时是作者对该书主题的介绍，有时是其他视频博主的书评。他会先看相关的视频，再决定自己是否要阅读。有时看完视频，发现自己暂时不需要这方面的知识，就可以避免浪费更多的时间。而更多的情况，是看完视频后，发现自己对该书的内容更感兴趣，决定阅读。因为看了视频，大概了解了该书的主题，后面的阅读也会更加顺利。

技巧二：在目录上标注感兴趣的内容

杰·山提的另一个习惯，是在开始阅读前，先用荧光笔在书的目录上勾画出自己感兴趣的内容。他说这就像去餐厅点菜一样，可以选择自己想要点的菜。他一般会完整读完全书的第一章和简介，因为这两个部分通常都是作者整理的关于全书主题的精华，是高度浓缩的部分。之后，他就会根据自己的兴趣和需要跳着阅读其他的章节。

技巧三：用手指辅助阅读

使用手指辅助阅读是很多阅读黑客都推荐的阅读技巧。我们的视线并不是线性移动，而是跳跃式移动的。所以很多时候我们在阅读时，会不自觉地跳回之前已经读过的内容，或是跳到其他的部分，然后需要再费神找回刚刚中断的部分。使用手指在行间移动，指引我们的视线，可以有效提升阅读的速度。

技巧四：捕捉重要的词

杰·山提的这个技巧也是我们介绍过的提速方式之一：通过捕捉相对重要的词，略过一些连词、介词，也可以有效提升阅读速度。这是针对英文的阅读。对于中文来说，可以训练自己一次看到一个词组，继续看到一个词块的能力。

技巧五：开头三行与末尾三行

杰·山提在阅读时，一般先阅读每一段的开头三行文字，领会其内容，再接着读结尾的三行。如果觉得已经获得大概的信息，就直接跳过这一段。而如果从这几行内容发现这一段落的内容自己很感兴趣，或是包含了比较重要的信息，就继续读完全部内容。

技巧六：花 2 小时快读，再决定是否深入

不可否认，有很多书，是非常值得从头到尾逐字读完的，比如尤瓦尔·赫拉利的《人类简史》，或是雷·达利欧的《原则》，但更多的非虚构类书籍，可以跳跃着读完。杰·山提出了在阅读之前先看视频获取书的基本主题外，还用略读和跳读的方式，在 2 小时内读完一本书。如果在这 2 小时之后，觉得这本书的内容非常值得逐字阅读，就会继续深入。如果不再继续，也算是读完了这本书，并获得了该书的精华。

技巧七：3S 原则

杰·山提认为读书后想要记住相应的内容，一定要用自己的方式总结。他习惯在阅读完一个章节之后，通过“3S”的方式进行自己的总结。他会记录该章节里对自己有启发的故事（Story），记录让他觉得印象深刻的数据（Statistic），另外再写一段他想要分享的文字（Share）。这种方式，让他的阅读除了快速，也更有效果。

7.5 剑桥学霸阿里·阿布达尔：工作之余，一年读完 100 本书

7.5.1 阿里·阿布达尔是谁

很多喜欢关注效率、学习与个人成长类视频的朋友可能在 YouTube 看到一位语速很快的印度裔小伙子视频播主，在自己的视频里分享自己学习的方法和经验，或是数码设备的推荐与心得。这位名叫阿里·阿布达尔的视频制作者，在我写这段文字时，其 YouTube 频道已经有 152 万位订阅者，包含 350 多个视频，其中很多视频的浏览量都超过百万。阿里属于学霸中的学霸：剑桥大学毕业的医科生，首份工作在伦敦做医生，期间一周上 5 天班；上班的同时，每周至少做 2 至 3 个 YouTube 视频，而且内容制作都非常出色；工作之余，健身、写程序、弹吉他等爱好都不耽误。另外，他

保持着高超的阅读量，每年能够阅读大概 100 本书。目前阿里已经辞去医生的工作，全职经营自己的 YouTube 频道，并创立了若干关于 YouTube 视频制作、个人效率管理等主题的在线课程。

7.5.2 阿里的阅读技巧

阿里在视频节目里，曾经专门分享过自己在阅读方面的心得，比如他是如何能做到一年阅读 100 本书的，其中有一些技巧和之前介绍过的其他阅读黑客的技巧都有重合。下面具体列出，和大家分享。

第一条技巧：购买一个 Kindle

Kindle 是亚马逊出品的电子书阅读器，使用一个专门的电子书阅读设备而不是手机兼顾阅读，可以很大程度地增加阅读书籍的数量。有趣的是，根据研究表明，购买 Kindle 的人在纸质书的阅读数量上也会较以往有一定程度的提升。我自己也是在购买 Kindle 之后发现，自己用在阅读的时间在有意识地增加。大概一个专门用于阅读的实体设备，可以更好地提醒我们投入时间进行阅读。

第二个技巧：选择自己感兴趣的书

这个技巧我们在其他阅读黑客的分享里都有提到。兴趣是决定阅读是否能够进行下去的关键。不要刻意地选择他人书单上的经典名著，而是先从自己感兴趣的类别开始，慢慢增大自己的阅读量和建立自己的阅读习惯。当你的信息获取能力得到提升，就可以扩大自己的知识圈，选择一些自己还不太了解的领域去探索。

第三个技巧：创建自己的阅读日程

这一点，对现代人来说，具体的要求可能是在一段时间内远离你的手机、平板电脑、电脑等数字设备。阿里使用的一个技巧，非常值得学习：他在临睡前将自己的手机刻意放在离床很远的地方，床边只放一台 Kindle。这样晚上睡觉前，他不会刷手机，而是阅读一会儿电子书，感觉困了，就放下 Kindle 自然睡去。如果实在睡不着，就再拿起 Kindle 进行阅读。这样至少睡不着的时间是用在阅读上面的，也不会感到虚度人生。这个习惯大概是很多饱受失眠和电子设备干扰之苦的现代人，最容易应用到自己的生活中，而且最能够获得价值的一个习惯吧。从今晚开始，把手机放到另一间屋，在卧室的床头放本书吧！

第四个技巧：使用有声书进行阅读

语速极快的阿里在收听有声书时，也具有极快的速度：他通常使用 2 倍速甚至 2.5 倍速进行有声书的收听。这样，一本原速 10 小时的有声书，他只需要 5 小时就可以读完。这个技巧可以极大地增加阅读量，也让他在选择要读的书时，有更大的“容错率”。关于如何有效收听有声书，请参看前面相应的章节。

第五个技巧：适时地追踪和回顾

读完一本书，记录这本书的读书回顾和读书笔记，并适时进行回顾，可以加深我们的记忆和对书中内容的理解。阿里使用 Notion 进行阅读笔记的记录和回顾，也通过 Readwise 查看自己在阅读时标注的高亮部分，以提醒自己保持对阅读内容的记忆。

第六个技巧：将阅读游戏化

作为一个喜欢玩游戏的书虫，阿里还有一个与其他阅读黑客不太一样的技巧：将阅读游戏化。他经常通过给自己打分，或者评估自己在阅读某本书时使用的速度、工具等指标，就像玩游戏一样，完成阅读目标就增加经验值，完成升级，并努力打破之前保持的记录。通过这种方式，他把阅读变得像玩游戏一样有趣。

7.6 YouTube 播主托马斯·弗兰克的读书笔记系统

7.6.1 托马斯·弗兰克：YouTube 学习类播主

托马斯·弗兰克是一位个人效率与成长类视频播主，他在 YouTube 的频道目前一共有 219 万位订阅者，很多视频的单期阅读量已经超过百万。他的频道初期视频内容主要针对学生如何提高学习效率、拿到考试高分的学习技巧与心得。但后期的视频中，也介绍大量阅读及个人成长方面的技巧和经验。他也制作了很多关于 Notion、Roam Research 等笔记管理软件运用的在线课程，视频质量非常高。

7.6.2 托马斯的读书笔记技巧

在他的一期名为“How I take notes from books（我如何记读书笔

记）”的视频里，托马斯详细分享了自己在整理记录读书笔记时使用的技巧。

在阅读时，托马斯一共有 4 个基本步骤：阅读、标注、记录和连接。他的阅读一般都是与标注同时进行。在读书的过程中，如果读到自己想要记录的内容，他就使用自己的笔记标注系统进行标注。他直接在书上用笔画出相应的画线部分，或者标记一些符号，以提醒自己整理笔记时留意相应的内容。在结束阅读之后，他就重新翻阅这本书，整理自己阅读过程中标注的信息，将这些信息存入电脑的文档或是笔记软件中。最后，他将自己整理的笔记进行汇总查看，或者与其他书籍相关的内容创立连接进行对比。作为一个内容创作者，工作中如果需要使用阅读学习到的技巧或是引用相应的案例时，他可以通过自己的笔记系统，短短几分钟找到自己所需要的内容。

托马斯的笔记标注系统非常简单实用，很适合在阅读纸质书时使用。当他阅读到比较重要或者自己感兴趣的内容时，他会使用星号（*）作为标注记号，然后在相应的内容下面画下划线。如果在书中阅读到不错的案例，打算在自己的视频或是文章里引用，他会写上“案例”（EX）字样，然后同样画上线。

当他阅读到可以再进行延伸阅读的内容时，比如某处讲到另一本书，他打算也找来读，他会写上一个“F”代表“延伸”。

有时在阅读时，他发现作者已经用很精炼到位的语言，总结了自己的观点，这时直接摘录会更有价值。他会在相应的部位用一个“Q”代表“摘录”的意思。

有时他发现自己并不同意作者的一些观点，或是对书中的某些部分有疑问，他会用问号（?）进行标注。

完成阅读之后，他会再用一点时间将所有的笔记整理保存到自己使用的笔记管理软件中。利用这类软件所具备的“超链接”功能，他可以将不同的读书笔记串联起来，引用或是连接其他书的笔记。

这几个步骤，使托马斯将书籍上的知识整理成一个互相连接的知识库，存放到自己的第二大脑中。需要的时候，他可以随时调用。

写在最后

高效阅读：开启阅读“超能力”

要多读书，但不要读太多的书。——本杰明·富兰克林

读到这里，这本书已经到了尾声。从选书，到阅读，再到分享，从传统意义的书籍，到电子书、有声书、外文书，甚至是视频和音频这类广义的书，我们分享了关于阅读的技巧、方法与心得，希望对大家有所帮助，更希望大家已经习得阅读的超能力。

如果大家能使用本书列举的主要技巧，坚持每天阅读，大家的阅读效率至少可以翻一倍，甚至更多。对于这一点，我很有信心。在接下来的一年里，你一定能比上一年阅读更多的书。

但我也要提醒你，这个数字并不重要，它只是一个衡量你进步的一个数据指标。真正重要的，是你在深度阅读中构建起的对自己专业领域的深入理解，是你在广度阅读中拓展的对这个世界多样性的认知，是你在学习了本书的阅读方法之后，培养起来的高效学习能力。有了这样的专业深度、知识广度和学习能力，你就具备了在任何领域成功的基础。

我很高兴大家能和我一起，共同经历这趟关于阅读的学习之旅，

希望读完这本书，对大家来说只是阅读之旅的开始。我也期待大家能将自己的阅读经历与应用故事，与我分享！

如果你觉得这本书有价值，请跟你的朋友、亲人推荐分享，让更多人了解阅读的价值。

我也会在自己的社交媒体、视频频道和播客节目里，和大家分享我的读书心得与体会。

请关注本书的官网 readwithbear.com，获得更多与阅读有关的信息。

谢谢大家读到这里，我们下本书再见！